dtv

Jacqueline Bouvier Kennedy Onassis (1929–1994) gehört zu den bekanntesten Frauen des 20. Jahrhunderts. 1953 heiratete die junge Journalistin Jacqueline Bouvier den aufstrebenden Politiker John F. Kennedy und wurde als First Lady Symbolfigur eines schicken und modernen Amerika, Leitbild und Star von Millionen. Als Witwe verkörperte sie gemessene Würde und vorbildliche Größe. Die Öffentlichkeit reagierte empört auf ihre Heirat mit dem Ölmagnaten und Reeder Aristoteles Onassis, doch in ihren späten Jahren als Lektorin, Mutter und Großmutter in New York wurde sie wieder als »Mrs Kennedy« verehrt.
Elisabeth Veit zeichnet ein differenziertes Portrait von Jacqueline Kennedy Onassis. Sie spürt Höhen und Tiefen ihres bewegten Lebens nach, blickt kritisch und genau hinter den Mythos um »Jackie« und entwirft ein lebendiges Bild von der vielschichtigen Persönlichkeit dieser außergewöhnlichen Frau.

Elisabeth Veit arbeitet freiberuflich als Lektorin und Autorin in München.

Elisabeth Veit

Jacqueline Kennedy

Deutscher Taschenbuch Verlag

Von Elisabeth Veit ist im Deutschen Taschenbuch Verlag erschienen:
Mit Ayurveda durch das Jahr
Der sanfte Weg zu Gesundheit
und Wohlbefinden
(dtv 36124)

Originalausgabe
März 2002
2. Auflage August 2003
© Deutscher Taschenbuch Verlag GmbH & Co. KG, München
www.dtv.de
Das Werk ist urheberrechtlich geschützt.
Sämtliche, auch auszugsweise Verwertungen bleiben vorbehalten.
Umschlagkonzept: Balk & Brumshagen
Umschlagfoto: © ullstein bild
Satz und Layout: Agents – Producers – Editors Intl., Richmond, VA
Druck und Bindung: Druckerei C. H. Beck, Nördlingen
Gedruckt auf säurefreiem, chlorfrei gebleichtem Papier
Printed in Germany · ISBN 3-423-30837-0

Inhalt

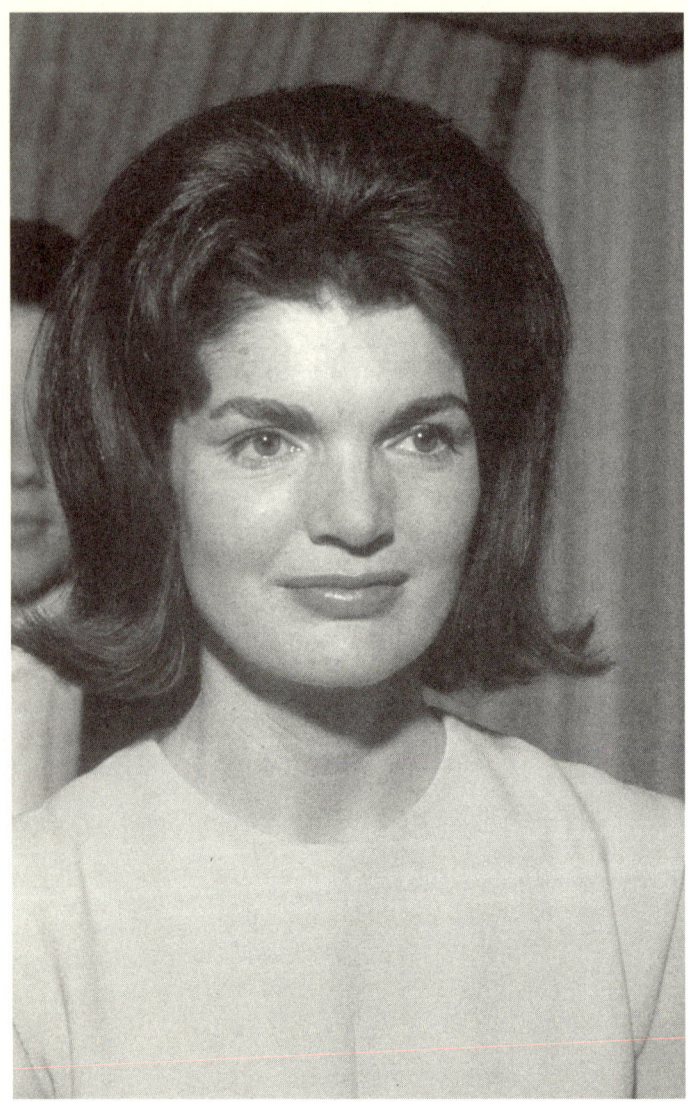

Jacqueline Bouvier Kennedy. Portraitaufnahme, um 1963

Jacqueline Bouvier

Sechs Wochen zu spät und acht Pfund schwer kam Jacqueline
Bouvier am 28. Juli 1929 in Southampton zur Welt. Das Baby
war unter dem Sternzeichen Löwe geboren. Die Natur hatte
Zwilling oder Krebs vorgesehen. Doch die junge Dame besaß
ihren eigenen Kopf. Über ihre Angewohnheit, zu spät zu erscheinen, würden sich noch manche ärgern.

Die Familien Bouvier und Lee

Die Vorfahren von Jacquelines Vater, John Bouvier, waren im
18. Jahrhundert aus Frankreich in die neue Welt gekommen.
Unter George Washington kämpften sie als Offiziere für die
Unabhängigkeit Nordamerikas. 1889 wurde ihr sozialer Aufstieg amtlich: Die Familie stand im New Yorker Gotha und
zählte damit zu den oberen Zehntausend der amerikanischen
Gesellschaft. Die traditionellen Berufe ihrer Ahnen in Frankreich deuten auf einen bodenständigeren Ursprung; sie arbeiteten als Viehhirten – »Bouvier« bedeutet auf Französisch
Ochsenhirt.

John Bouvier verlor das Familienvermögen von 750 000 Dollar während der Börsenkrise im Oktober/November 1929 bis
auf 100 000 Dollar. Der Börsenmakler mit Sitz an der New Yorker Börse mußte die Hoffnung auf Reichtum und Unabhängigkeit trotz einer Kurserholung im November 1931 endgültig
begraben: Die leicht gestiegenen Kurse fielen weiter. Zwar gehörte ihm 1935 das Brokerbüro »M. C. Bouvier & Co.« allein,
doch die Rückzahlung von Steuerschulden verringerte seine
Liquidität erheblich.

Schwiegervater James T. Lee half ihm notgedrungen und ließ
die Familie seiner Tochter Janet in der Park Avenue 740 wohnen – einem Wolkenkratzer im Jugendstil, seinem Prestige-
objekt. Hier wuchs Jacqueline mit ihrer jüngeren Schwester
Lee, dem Kindermädchen und den Eltern in einem Elf-Zim-
mer-Appartement auf. Ihr Spielplatz wurde der Central Park.

Jacquelines Vater – Spitzname »Black Jack« – liebte schöne
Frauen und kühle Drinks. Das ruinierte seine Ehe. Später wird

er sich wiederholt in Privatsanatorien einer Entziehungskur unterwerfen. Er strandete dennoch als Alkoholiker wie sein Bruder William. Ohne Familie neigte er im Alter zu Selbstmitleid; er klagte die Töchter an, sich zuwenig um ihn zu kümmern. Die Devise »Sans peur et sans reproche« (Ohne Furcht und Tadel) aus der Familienkapelle der Bouviers in New Yorks St. Patrick's Cathedral läßt sich auf John Bouvier kaum anwenden. Doch er besaß auch angenehme Züge: Er vergötterte seine Töchter, besonders Jacqueline. Selbst in Zeiten finanzieller Engpässe beschenkte er sie und machte sie in den Museen New Yorks mit Werken der Kunst, insbesondere der Malerei vertraut. Er weckte ihren Sinn für das Ästhetische – was allerdings auch das Interesse an Mode förderte. Ihr Vater war der erste Mann, der sich über ihre Kleiderrechnungen empörte, bereits der Teenager ließ bei Bloomingdale's auf seinen Namen anschreiben.

Politisch sympathisierten die Familien Bouvier und Lee mit den Republikanern. John Bouvier verabscheute den Emporkömmling Joe Kennedy, Jacquelines späteren Schwiegervater.

Janet Bouvier
mit ihrer Tochter
Jacqueline, um
1930

Großvater Lee haßte die Demokraten dermaßen, daß er mit seiner Enkelin nach ihrer Einheirat in den Kennedy-Clan nicht mehr sprach. Er stammte aus einer irischen Einwandererfamilie, die sich von New Yorks Lower Eastside zur Fifth Avenue hochgearbeitet hatte. Janets Vater war Jurist, einer der Direktoren der Chase National Bank.

Das junge Paar verbrachte die Sommerferien im Landhaus der Bouviers: Lasata in East Hampton auf Long Island. Hier machte die vierjährige Jacqueline ihre ersten Reitversuche und nahm schon bald erfolgreich an Turnieren für Kinder teil. Im Sommer galoppierte sie mit ihrer Stute Danseuse nahe dem großväterlichen Landsitz in East Hampton, im Winter ritt sie im New Yorker Central Park.

Die Liebe zu Pferden bleibt ein Leben lang. 1962 schenkte ihr der pakistanische Präsident Mohammed Ayub Khan während ihrer Indien-Pakistan-Reise sein Pferd Sardar. Als First Lady ritt sie regelmäßig in Virginia oder nahm an Fuchsjagden teil. Noch mit über Sechzig sprang sie. Im November 1993 erlitt sie einen schweren Reitunfall; sie war mehrere Minuten bewußtlos, erholte sich aber rasch. Auch ihre eigenen Kinder wird sie früh in den Sattel setzen. Nur ihre Ehemänner teilten diesen Sport nie: John F. Kennedy litt an einer Allergie gegen Tierhaare, besonders Pferdehaare, und Aristoteles Onassis hegte eine Aversion gegen Pferde.

Während Janet mit den Mädchen die Sommermonate auf dem Land genoß, blieb John Bouvier an der Wall Street; abends zeigte er sich gern in reizvoller Gesellschaft. Gerüchte über Affären erreichten Janet schon bald. Die Ehe zerbrach 1936, aber die Sommerferien mit dem Vater und Großvater auf dem Landsitz genossen die Kinder bis 1949. Als die Bouvier-Familie im darauffolgenden Jahr Lasata verkaufen mußte, fühlte sich John Bouvier einmal mehr als Versager.

Lee Bouvier – die kleine Schwester im Hintergrund

Als Jacqueline dreieinhalb Jahre alt war, bekam sie eine Schwester: Caroline Lee Bouvier, genannt Lee. Jacqueline hielt die Kleine für die Schönere; die Familie bezeichnete sie als die Intelligentere. Zeit ihres Lebens fühlte sich Jacqueline der Schwester eng verbunden. Sie wandte sich nach dem Ver-

Die zwölfjährige Jacqueline und Lee mit ihrer Mutter Janet Bouvier im Sommer auf dem Weg zu einer Hochzeit in East Hampton, Long Island

lust ihrer totgeborenen Tochter Arabella 1956 und nach dem Tod ihres Sohnes Patrick 1963 an Lee. Beide reisten viel zusammen.

Lee heiratete am 18. April 1953 den Verlegersohn und Diplomaten Michael Canfield, ließ die Ehe aber am 24. November 1962 vom Vatikan annullieren. Da war sie längst standesamtlich mit Prinz Stanislas Radzivill verheiratet. Der naturalisierte Engländer besaß streng betrachtet kein Recht auf den polnischen Titel, zumal das sozialistische Polen längst adlige Titel abgeschafft hatte. Doch Lee schätzte den Adelsstand. Mit Stas, wie ihn seine Freunde nannten, setzte sie zwei Kinder in die Welt: Anthony und Anna Christina, genannt Tina. Sie lebten in London in unmittelbarer Nachbarschaft zum Buckingham Palace. Das Paar verkehrte im internationalen Jet-set. Als 1963 Scheidungsgerüchte kursierten, soll John F. Kennedy Lee gebeten haben, mit einer Trennung bis nach seiner Wiederwahl 1964 zu warten. Politik hatte bei den Kennedys Vorrang.

Lee begann 1951 ein Kunstgeschichtsstudium am Sarah Lawrence College, Bronxville, und arbeitete danach kurzfristig als Assistentin der Mode-Päpstin Diana Vreeland bei Harper's Bazar. 1967 half ihr Truman Capote bei dem Versuch, Schauspielerin zu werden – doch mangels Talent fiel sie bei Zuschauern wie Presse durch. Lee hatte in diesem Jahr ein Verhältnis mit dem Schriftsteller, dessen Romane (etwa ›Die Grasharfe‹ oder ›Frühstück bei Tiffany‹) Welterfolge feierten. Lees Mann leitete die Scheidung jedoch erst ein, nachdem er von ihrem Verhältnis mit Peter Beard – dem langjährigen Lebensgefährten Truman Capotes – erfahren hatte. Im Juli 1974 war es schließlich so weit. Und am 23. September 1988 heiratete Lee in New York den Choreographen und Regisseur von Hollywood-Filmen Herbert Ross.

Lee und Senator Edward Kennedy werden die letzten aus Jacquelines Generation sein, die John Kennedy Jr. im Juli 1999 das Geleit bei der Seebestattung geben.

Kindheit zwischen New York und East Hampton

Jacqueline besuchte zunächst den Kindergarten von Miss Yates, dann ab 1935 die Privatschule von Miss Chapin in der East End Avenue, New York. Eine frühe Schulfreundin wird Nancy Tuckerman; sie begleitet die später Berühmte bis zu ihrem Tod. In ihrer Klasse langweilte sich Jacqueline; sie fühlte sich unterfordert. Zwar erzielte sie gute Noten, doch sie galt als streitsüchtig. Ein harmonisches Miteinander kannte sie nicht; die Eltern waren zerstritten und buhlten um die Gunst ihrer Töchter mit Geschenken, Reisen, Geld. Kritisiert von der Mutter, verwöhnt vom Vater, wurde das Mädchen unsicher.

Sie blieb schüchtern und in sich gekehrt, legte schon früh Wert auf ihre Privatsphäre und zog sich in Traumwelten zurück. Bücher wurden ihre Leidenschaft; angeblich hat sie mit sechs Jahren über Tschechows Novellen gesessen. Als Teenager las sie Byron, schrieb Gedichte und zeichnete. Noch als Erwachsene aquarelliert sie im naiven Stil amerikanischer Volkskunst.

Mitte der dreißiger Jahre kam in den Vereinigten Staaten große Not auf; Lebensmittel wurden in den Städten knapp.

Thoughts
I love the Autumn,
And yet I cannot say
All the thoughts and things
That make one feel this way.
I love walking on the angry shore,
To watch the angry sea;
Where summer people were before,
But now there's only me.   *Jacqueline Bouvier als Teenager*

Die Börsenkurse erholten sich nicht vom Crash 1929. Ein Wirtschaftsaufschwung blieb aus. Jacqueline und ihre Schwester bemerkten von dieser Depression allerdings wenig, auch wenn John Bouvier finanziell ruiniert war. Großvater Lee unterstützte seine Tochter und die Enkelkinder weiter. Und der Vater lebte vor den Augen der Mädchen über seine Verhältnisse. Statt vor den Geschäften Schlange zu stehen, erhielt Jacqueline Ballettunterricht, wuchs mit einer Gouvernante heran und ritt ihr eigenes Pferd.

Im Oktober 1936 vereinbarten Janet und John Bouvier eine halbjährige Trennung. Er zog zunächst ins Westbury Hotel; nach der Scheidung lebte er in einer Vier-Zimmer-Wohnung auf New Yorks Upper East Side 125 Ost, 74. Straße. Hier stand bis zu seinem Tod ein selten genutztes Gästezimmer für Jacqueline bereit. Er verpflichtete sich gegenüber Janet, monatlich 1050 Dollar zu zahlen, und führte fortan ein Junggesellenleben. Seinem Ruf als Ladykiller machte er Ehre, doch Mittelpunkt seines Lebens blieben die Töchter. Er sah sie von jetzt an jedes zweite Wochenende und einen Ferienmonat pro Jahr. Gemeinsam besuchten sie das Kino, kauften Kleider und gingen essen. Bis zu ihrer Heirat wird er von Arztrechnungen bis zu Tanzkleidern alles zahlen. Das war sein Druckmittel, wenn die Teenager eigene Wege suchten.

Viele Biographen spekulieren darüber, ob Jacqueline mit ihren Ehemännern John F. Kennedy und Aristoteles Onassis einen

Ersatzvater heiratete. So unterschiedlich beide aussahen, ihre Gemeinsamkeiten mit John Bouvier sind nicht zu übersehen: Womanizer, Ehebrecher, machtorientiert und dominierend. Dieser Typ regiert – ein Land oder ein Geschäftsimperium. Kennedy und Onassis waren erfolgreich, John Bouvier verlor. Dennoch mußte Jacqueline sich ihre gesell-

Jacqueline Bouvier Ende der dreißiger Jahre zwischen Großvater John und Vater Jack Bouvier

schaftliche Position nicht er-
arbeiten; sie wurde in die
Oberschicht   hineingeboren
und heiratete zweimal Geld,
um sich in ihr behaupten zu
können. Weshalb wesentlich
ältere Männer sie anzogen,
bleibt Spekulation.

Janet Bouvier zog im Sep-
tember 1938 mit Jacqueline
und Lee um: 1 Gracie Square,
Upper East Side. Ihr Vater
hielt das große Appartement
an der Park Avenue für Ver-
schwendung. In der kleineren Wohnung litt Jacqueline
unter der Unzufriedenheit
und den Launen ihrer Mut-
ter. Janet strebte eine zweite
Heirat an, um finanziell ab-

Die dreizehnjährige Jacqueline
mit ihrem Vater

gesichert zu sein und die Kinder dem väterlichen Einfluß zu
entreißen. Doch ihre gesellschaftliche Position war geschwächt; die in Scheidung Lebende verlor alte Freunde. Die
Bouvier-Familie und ihr Bekanntenkreis lehnten sie völlig ab.
Sie begann zu trinken. Die Mädchen überließ sie wochentags
der Schweizer Gouvernante Bertha Kimmerle.

Jacqueline hatte sich immer stark zu ihrem Vater und dessen Familie hingezogen gefühlt. Nun war sie dem Groll der
Mutter auf die Bouviers ausgesetzt. Zugleich erlebte sie zum
ersten Mal die Macht der Presse: Die Trennung des Society-
Paars sorgte für Schlagzeilen. Mitschülerinnen hänselten. Spätestens zu dieser Zeit lernte Jacqueline, Unangenehmes zu ver-
drängen. Dieses Verhalten wird sie in ihren Ehen ebenso wie
bei ihrer tödlichen Krankheit zeigen.

Janet versuchte in New York eine Scheidung wegen Ehe-
bruchs durchzusetzen, doch das mißlang – ironischerweise aus
Mangel an Beweisen. Schließlich willigte John Bouvier in eine
Blitzscheidung in Reno, Nevada, ein: Am 22. Juli 1940 ist die
Familie endgültig getrennt. Die katholische Kirche reagierte
mit der Exkommunizierung Janet Bouviers – eine Maßnahme,

die Jacqueline vor ihrer Eheschließung mit dem geschiedenen Onassis fürchten sollte.

Hugh Dudley Auchincloss Jr.

1941 lernte Janet Bouvier den Investmentbanker Hugh Dudley Auchincloss Jr. kennen. Die Familie Auchincloss war britischer Herkunft und protestantisch. Hugh Auchincloss gehörte unangefochten zur Oberschicht. Dieser alteingesessene Geldadel der jungen Nation blieb am liebsten unter sich, ihre Kinder besuchten Privatschulen und studierten in Yale oder Harvard. Das Leben auf dem Anwesen des reichen Stiefvaters sprach die junge Jacqueline an; doch die Engstirnigkeit dieser Gesellschaftsschicht stieß sie ab. Die Feste mit den Cousins aus der Familie Bouvier versprachen mehr Spaß als die steifen Zusammenkünfte im Hause Auchincloss. Hugh besaß in McLean, Virginia, ein Anwesen: Merrywood, ein Herrenhaus im georgianischen Stil. Der 23 Hektar große Park, ein Pool in olympiatauglicher Größe, Tennisplatz, Pferde, vier Autos, Köchin und Butler versprachen ein angenehmes Leben. Janet griff zu.

Merrywood lag außerhalb Washingtons ruhig am Fluß Potomac. Hier fand Jacqueline genügend Winkel, die ihr Zuflucht boten. Der zweite Familiensitz der Auchincloss' lag in Newport auf Rhode Island: Hammersmith Farm. Hier verbrachte Jacqueline die Sommermonate, wenn sie sich nicht bei ihrem Vater in East Hampton vergnügte. Während des Zweiten Weltkriegs versorgte die Farm mit ihren Gewächshäusern eine nahegelegene Marinebasis mit Gemüse und Geflügel. Jacqueline fütterte in den Ferien die Hühner, sammelte Eier und pflückte Obst. In dieser ländlichen Idylle wird sie 1953 heiraten. Heute ist Hammersmith Farm Museum und Gedächtnisstätte für Jacqueline Bouvier Kennedy.

Seit der Hochzeit ihrer Mutter lebte Jacqueline im Dreieck der lebhaften Familie Bouvier mit ihren vielen Cousins, der konservativen Lees und der kühl distanzierten Auchincloss'. In Merrywood mußten sieben Kinder aus vier Ehen miteinander auskommen: zunächst Jacqueline und Lee mit den Geschwistern der zwei vorangegangenen Ehen Hugh Auchincloss': Hugh Dudley III. – genannt Yusha – war der Sohn von Auchincloss' erster Frau, der Russin Maria Chaprovitsky. Er

McLean, Virginia, und Washington, D.C.

freundete sich rasch mit Jacqueline an. Während des Zweiten Weltkriegs wollte er die Schule vorzeitig abbrechen und zur Marine gehen. Jacqueline schrieb ihm empört: »Intelligenz ist besser als Muskeln« und überzeugte den Sechzehnjährigen von der Wichtigkeit eines Schulabschlusses. Als er die Schulausbildung beendet hatte, reisten beide gemeinsam 1950 durch Irland und Schottland. Jacqueline war glücklich, einen Bruder bekommen zu haben. Doch ins Weiße Haus oder auf Martha's Vineyard wird sie ihn nie einladen. Er besucht sie 1994 ein letztes Mal an ihrem Sterbebett.

Nina und Thomas Auchincloss stammten aus Hughs Ehe mit Nina Gore. 1945 wurde Janet geboren, 1947 James, die gemeinsamen Kinder von Janet und Hugh. Für die Kleinen schrieb und illustrierte Jacqueline ein Märchenbuch. Sie weckten ihre ersten mütterlichen Gefühle. James verscherzte sich jedoch Jahrzehnte später die Sympathie seiner Halbschwester, als er mit Journalisten allzu offen über sie sprach.

Jacqueline und Lee Bouvier waren von Stiefvater Auchincloss freundlich geduldet; sie bewohnten kleinere Zimmer als seine Kinder und wuchsen im Bewußtsein heran, daß dieser Reichtum ihnen nicht gehörte. Eine Mitgift oder gar ein Erbe konnten sich beide nicht erhoffen. John F. Kennedy soll schockiert gewesen

sein, als er nach der Hochzeitsfeier im Haus des Schwiegerva-
ters den tatsächlichen Vermögensstand seiner Frau erfuhr. Großvater Bouvier hatte seiner Enkelin 1948 ganze 3000 Dollar hin-
terlassen. 1957 wird sich ihr väterliches Erbe auf 80 000 Dollar
belaufen. Jacqueline mußte sich in der Welt der Auchincloss' und
Kennedys arm fühlen.

Das Leben in Merrywood und auf Hammersmith Farm verlief
in formellen Bahnen. Hugh Dudley Auchincloss war humorlos,
er galt als seriös, wirkte aber langweilig. Fröhlichkeit, Spontaneität und Lebenslust fehlten – Momente, die der charmante John
Bouvier stets garantierte. Den Vater sahen die Mädchen nur
noch in den Sommerferien. New York lag für Wochenendtrips
zu weit entfernt. Janet hatte ihre Töchter endlich dem Einfluß-
bereich ihres Ex-Mannes entzogen. John Bouvier aber fühlte sich
in New York einsam; er reagierte eifersüchtig auf Hugh Auchincloss und seinen Reichtum – und trank mehr denn je.

Internat und College

Die dreizehnjährige Jacqueline besuchte die Mädchenschule Holton-Arms in Washington. Ab Herbst 1944 wohnte und lernte sie
mit Nancy sowie Letitia im Privatinternat von Miss Porter in Farmington, Connecticut. Die Jugendfreundinnen Nancy Tuckerman und Letitia Baldridge arbeiten später im Weißen Haus als
Jackie Kennedys persönliche Sekretärinnen. Nancy wird die ge-
tragenen Haute-Couture-Kleider von Mrs. Kennedy wie Mrs.
Onassis an Secondhandshops verkaufen. Letitia Baldridge rät
Jackie nach Onassis' Tod zu einer Verlagstätigkeit und macht sie
auf den kleinen New Yorker Verlag Viking Press aufmerksam.
Sie selbst kehrte unter Lyndon B. Johnson ins Weiße Haus zu-
rück und unterstützte mit ihren Erfahrungen Lady Bird Johnson,
Patricia Nixon, Rosalynn Carter sowie Nancy Reagan. Mit Nancy
Tuckerman wiederum arbeitet Jackie ab 1977 im Verlagshaus
Doubleday zusammen. Anfang 1994 wird Nancy der Presse
Jackies Krebserkrankung bekanntgeben.

Die konservative Schule von Miss Porter bereitete die Töchter der Oberschicht auf ihre gesellschaftliche Rolle vor. Benimm
und Anstand standen auf dem Stundenplan. Kunstkurse und
ein Theaterclub gehörten zum Schulalltag. Jacquelines Lieb-
lingsfächer waren Literatur und Kunstgeschichte. Bei den Mit-

Die Schülerin

schülerinnen galt sie als verschlossene Leseratte, aber auch als durchsetzungsfähig. Beliebt war sie nicht. Ihre Neigung, Gedichte und Kurzgeschichten zu schreiben, lenkte eine gewisse Aufmerksamkeit auf sie. Auch an ihre leise hauchende Stimme erinnern sich Jugendfreundinnen später. Diese Stimme führte zu dem Eindruck, Jacqueline sei kindlich oder schüchtern. Wille und Energie verbarg sie geschickt dahinter. Ebenso wurde ihre Neigung, mädchenhaft zu staunen, fehlgedeutet. Noch als Erwachsene konnte sie ihre Augen aufreißen und Begeisterung versprühen. Für manche wirkte das naiv. Tatsächlich besaß sie die Gabe, sich mitreißen zu lassen; ihrem Engagement zur Rettung historischer Gebäude in New York und ihrer Arbeit als Lektorin kam dies später zugute.

Als Schulabgängerin schrieb sie ins Jahrbuch von Holton-Arms, sie wolle keine Hausfrau werden. Ein Leben wie das ihrer Mutter lehnte sie ab. Deswegen hegte sie jedoch keineswegs ernste Berufsabsichten. Ab Herbst 1947 studierte sie am elitären Vassar College nahe Poughkeepsie im Staat New York: Literatur und Religionsgeschichte. Hier engagierte sie sich für die Collegezeitung und lernte in ihrer Freizeit Kohle- sowie Kreidezeichnen, übte weiter mit Aquarell- und Ölfarben. Sie befreundete sich mit den späteren Journalistinnen Charlotte

Curtis sowie Selwa Showker Roosevelt und schrieb in der Freizeit Kurzgeschichten.

Europareise und Paris-Aufenthalt

Im Juli und August 1948 reiste Jacqueline mit ihren Studienfreundinnen Julia Bissell, Helen und Judy Bowdoin durch Frankreich, Italien, die Schweiz, Belgien und England, wo sie in London sogar an einer Gartenparty von König Georg VI. teilnahmen. Helen Bowdoin notierte in diesem Sommer über die gemeinsame Europareise und die dort gewonnenen Eindrücke: »Wir landeten in Southampton und nahmen den Zug nach London. Wir konnten alle sehen, daß sie die Stadt noch nicht wieder aufgebaut hatten, aber sie waren dabei. Es war sehr bewegend, große Gebäude wie St. Paul's Cathedral halbzerstört dastehen zu sehen. Ich denke, England hinterließ bei uns den größten Eindruck, weil die Menschen den Krieg offensichtlich noch nicht überwunden hatten – das Essen war furchtbar.« Die Neunzehnjährigen sahen das vom Weltkrieg zerstörte Europa.

Die Reise weckte in Jacqueline den Wunsch, in Paris zu studieren. Sie wollte der abgeschlossenen Collegewelt Vassars entkommen, die Großstadt Paris mit Kultur, Musik, Theater und Tanz genießen. Ein Austauschprogramm für amerikanische Studenten ermöglichte den Traum: das Sprachstudium an der Sorbonne, ein Kunstkurs an der École du Louvre und ein Seminar über die Geschichte der Diplomatie an der École de Science Politique. Die Ausbildung scheint perfekt auf die Karriere als First Lady zugeschnitten zu sein.

Während dieses Studienjahrs lebte sie bei Comtesse Guyot de Renty und ihren drei Kindern. Die Metropole an der Seine erholte sich in dieser Zeit nur langsam: Vier Jahre nach dem Krieg kauften die Franzosen noch immer mit Lebensmittelkarten ein. Die Wohnungen waren kaum geheizt, das fließende Wasser kalt. Dennoch schrieb Jacqueline begeistert nach Hause. In einem Brief an ihren Halbbruder Yusha heißt es: »Ich habe tatsächlich zwei Leben – ich fliege von hier [der Wohnung de Rentys] zur Sorbonne und Reid Hall, durch eine herrlich ruhige, verregnete Welt – oder ich ziehe wie ein Dienstmädchen an seinem freien Tag einen Pelzmantel an und gehe ins Zentrum der Stadt und bin protzig, im Ritz. Aber ich mag den ersten Teil wirklich lieber. Ich habe jetzt eine völlige Manie, Französisch perfekt zu sprechen. Wir sprechen nie ein Wort Englisch in dieser Wohnung und ich sehe nicht viele Amerikaner.«

In Nachtclubs lernte sie den jungen Schriftsteller Jack Marquand kennen – ihre erste Liebe. Collegebekanntschaften war sie kühl begegnet. Der Vater hatte sie gewarnt, Männern nicht zu trauen. Er selbst amüsierte sich mit einer Freundin in Jacquelines Alter, doch die Tochter wünschte er sich seriös.

Im Januar 1950 kamen Janet und Hugh Auchincloss in Paris an. Sie fuhren mit Jacqueline nach Österreich und Deutschland, besuchten das Konzentrationslager Dachau und den Obersalzberg. Der Reiseplan stammte von Hugh Auchincloss; er hatte während des Krieges in Europa gekämpft und wollte Jacqueline in den Semesterferien auch die dunklen Seiten des Kontinents zeigen.

Studienabschluß in Washington

Jacqueline verbrachte das Senior-College-Jahr an der George Washington University in Washington. So konnte sie in Merrywood wohnen. Sie besuchte Seminare über Literatur und

Die George Washington University in Washington, D.C.

Kunst, studierte weiter französische Autoren. Zudem nahm sie an Creative-Writing-Kursen und Seminaren für angehende Journalisten teil. »Sie war eine außerordentlich intelligente junge Frau, aber sie besaß auch eine brillante Phantasie. Die war verbunden mit einem echten Talent zum Schreiben. Sie hatte eine Gabe als Autorin und wäre vielleicht von sich aus berühmt geworden als Schriftstellerin, wenn sie einen anderen Weg eingeschlagen hätte. Sie beschrieb viele unterschiedliche Themen – die Schönheit und den Frieden ihres Heims in Virginia, die Nacht einer zarten Romanze in Florenz, ein Festival in Italien, die Wirkung und den Reiz von Kunst auf die Seele. Sie war schön, und sie konnte phantastisch schreiben. Sie brauchte meinen Unterricht nicht«, erinnert sich Muriel McClanahan, ihre damalige Englisch-Professorin. 1951 schloß sie ihr Studium mit dem Bachelor of Arts ab.

Außer diesem Studium hatte Jacqueline Bouvier nichts zu bieten als ein hübsches Äußeres. Eine Mitgift existierte nicht. Und eine Berufsausbildung, Karriere als Frau sowie eigenes Geld akzeptierte die Gesellschaft noch nicht. Mutter Janet wachte über Jacquelines Schritte. Sie mußte also reich heiraten, wünschte sie ihren Lebensstandard beizubehalten. An ihrem Vater sah sie, wie man aus dem Rahmen der High Society fiel. Sie aber drängte hinein.

Junge Fotoreporterin

Jacqueline Bouvier war für eine journalistische Laufbahn prädestiniert. Doch konservative Mädchenerziehung, mütterlicher Ehrgeiz sowie jugendliche Unsicherheit verhinderten eine Berufsausbildung. Janet Auchincloss wollte ihre Älteste in einer Ehe gut versorgt wissen; bis dahin sollte sich die Einundzwanzigjährige standesgemäß beschäftigen. So machte ausgerechnet die Mutter sie auf einen Schreibwettbewerb der Modezeitschrift ›Vogue‹ aufmerksam.

Jacqueline hatte im Frühjahr 1951 bereits eine Kurzgeschichte für einen Wettbewerb eingereicht. Sie handelte vom Tod ihres Großvaters Bouvier – dem liebevoll »Grampy Jack« Genannten: »Ich saß neben dem Sarg meines Großvaters, blickte auf ihn, wie er da lag in seinem blauen Anzug mit den gefalteten Händen. Ich hatte dem Tod zuvor nie ins Antlitz gesehen und schämte mich, daß er nicht mehr Eindruck auf mich machte«, so Jacqueline 1951 über ihren am 14. Januar 1948 verstorbenen Großvater väterlicherseits. Dieser hatte im ›East Hampton Star‹ Leitartikel geschrieben und seine Enkelin zu ersten Schreibversuchen animiert. Er ermunterte den Teenager, Gedichte und Kurzgeschichten zu verfassen und besprach die Texte mit ihr.

Der Wettbewerb von ›Vogue‹

Der »Prix de Paris« der Modezeitschrift verlangte acht Essays pro Teilnehmerin, darunter einen über »Menschen, die ich gern gekannt hätte«, sowie ein Selbstportrait. Hier beschrieb Jacqueline ihr Äußeres folgendermaßen: »Zur physischen Erscheinung, ich bin groß, 1,74 Meter, habe braunes Haar, ein eckiges Gesicht und Augen so unglücklich weit auseinander, daß es drei Wochen dauert, um eine Brille mit einem ausreichend langen Bügel anfertigen zu lassen, der über meine Nase paßt. Ich habe keine sensationelle Figur, aber ich kann schlank aussehen, wenn ich die richtigen Kleider wähle.«

Aus 1280 eingereichten Beiträgen von College-Girls gewannen Jacqueline Bouviers Texte. Hauptpreis: Ein Jahr als Jungredakteurin – je zur Hälfte in der Pariser und New Yorker ›Vogue‹-Redaktion. Diese Karrierechance für jede junge Frau mit journalistischen Ambitionen sollte sie allerdings ablehnen.

Doch zunächst schrieb sie den Aufsatz über Persönlichkeiten, denen sie gern begegnet wäre. Sie wählte Outcasts: den französischen Dichter Charles Baudelaire, den englischen Schriftsteller Oskar Wilde und den russischen Ballettimpresario Sergej Diaghilew. Jacqueline bewunderte an ihnen den Glauben an etwas Höheres, einen Idealismus, den sie ihrer Auffassung nach alle in ihrer sonst unterschiedlichen Kunst ausdrückten. Die drei galten zu ihrer Zeit als dekadent, da sie eine Moral jenseits bürgerlicher Normen vertraten. Oskar Wilde und Sergej Diaghilew waren bekennende Homosexuelle.

1951 galten Homosexuelle nach amerikanischer Rechtsprechung als kriminell – in einigen Bundesstaaten heute noch. Robert Kennedy checkte in den frühen fünfziger Jahren unter dem Republikaner McCarthy das Außenministerium nach Homosexuellen ab. Noch bei Präsident Johnson waren Arbeitsplätze in der Regierung für Homosexuelle »aus Gründen der nationalen Sicherheit« tabu. 1974 wurde Homosexualität dank des Engagements der National Gay Task Force aus dem Katalog der Geisteskrankheiten vom Verband amerikanischer Psychiater gestrichen. Bill Clinton setzte sich dann 1992 gegen die Befragung zu sexuellen Vorlieben beim Militäreintritt ein und ermöglichte Homosexuellen auf diese Weise eine militärische Laufbahn. Die Folge war eine republikanische Kampagne von George Bush gegen Hillary Clinton als Feministin, die das Land angeblich mit Perversen unterwandern wolle. 1996 verkündete der Oberste Gerichtshof, amerikanische Bundesstaaten dürften Gesetze zum Schutz von Homosexuellen nicht streichen.

Die Freude über den Wettbewerbserfolg war rasch getrübt: Jacqueline sagte nach Auseinandersetzungen mit der Mutter ab. Die Ausbildung interessierte sie, doch in den Redaktionsräumen einer Modezeitschrift fand sich kaum ein Heiratskandidat. Und dieses Ziel hatte für Janet oberste Priorität. Eine weitere mütterliche Sorge war die Möglichkeit, Jacqueline könnte in New York bei ihrem Vater wohnen. Dessen Einfluß wollte sie so gering wie möglich halten. Sie hatte schon Johns Pläne einer Mitarbeit in seinem Brokerbüro zerschlagen. Jacqueline selbst schwankte. Paris lockte. Doch würde sie nach

Amerika zurückkehren? Und könnte eine Frau mit Beruf noch heiraten? Die Einundzwanzigjährige fürchtete eine Außenseiterposition in den familienorientierten fünfziger Jahren.

Ablenkung lautete in dieser Krise die mütterliche Devise. Jacqueline verließ mit ihrer Schwester Lee am 7. Juni 1951 die USA zu einer weiteren Europareise. Die beiden überquerten auf der »Queen Elizabeth« dritter Klasse den Atlantik. London, Paris, Madrid, Nizza, Rom und Luzern standen auf dem Programm. Die Reise bot die Chance, ihren Flirt mit Jack Marquand in Paris aufzufrischen. Doch zurück in Washington redete die Mutter ihr diese Verbindung aus: Marquand trank zuviel und war nicht reich genug – das erinnerte an John Bouvier.

Der Verlobte Nummer 1

Der erste ernste Kandidat hieß John G. W. Husted Jr., ein Börsenmakler und Yale-Absolvent aus New York. Er stammte aus einer angesehenen Bankiersfamilie, verdiente gut, besaß allerdings kein großes Vermögen. Im Januar 1952 fand die Verlobung statt; am 21. Januar 1952 meldete der ›Times-Herald‹, die Hochzeit sei im Sommer geplant. Doch schon im darauffolgenden Monat interviewte Jacqueline einen jungen Kongreßabgeordneten, der für den Senat kandidieren wollte: John F. Kennedy. Sie hatten sich neun Monate zuvor bei Charles und Martha Bartlett, gemeinsamen Washingtoner Freunden, kennengelernt. Die Begegnung blieb folgenlos. Das änderte sich im Frühjahr 1952, als die Bartletts noch einmal Cupido spielten. John bat um ein Date, und Jacqueline löste ein Dreivierteljahr später ihre Verlobung.

Inquiring Girl beim ›Washington Times-Herald‹

Anfang der fünfziger Jahre konnte sich Jacqueline finanziell nicht mehr auf ihren Stiefvater verlassen. Hugh Auchincloss quälten Geldsorgen; er mußte fünf leibliche Kinder versorgen und hielt den Zweitwohnsitz Hammersmith Farm nur mit Mühe. Die Zweiundzwanzigjährige brauchte dringend ein eigenes Einkommen. Hugh Auchincloss knüpfte Kontakte: Sein Freund Krock, Chefkorrespondent der ›New York Times‹,

Jacqueline Bouvier mit ihren Kollegen im Redaktionsbüro des ›Washington Times-Herald‹ 1952

wurde eingeschaltet, und die Stieftochter begann als Trainee beim ›Washington Times-Herald‹. Hier lernte sie das journalistische Handwerk, wohnte weiter kostenlos in Merrywood und schaute nach einem geeigneten Ehemann aus. Als »Inquiring Camera Girl« erhielt Jacqueline Bouvier 1952 ganze 42,50 Dollar Wochenlohn. Eine kleine Wohnung hätte sie in Washington 60 bis 80 Dollar pro Monat gekostet.

Chefredakteur beim ›Times-Herald‹ war Frank Waldrop. Er merkte rasch, daß Jacqueline ernsthaft arbeiten wollte, und setzte sie schon bald als Fotoreporterin mit einer täglichen Kolumne ein. Doch ihre Ergebnisse überzeugten nicht sofort. Als ungeübte Fotografin lieferte sie mit der Speed-Graphic-Kamera verwackelte Bilder; ihre Texte mußten redigiert werden. Also besuchte sie einen Fotokurs und lernte ihre Fotos selbst zu entwickeln.

»Ich mochte immer ihre offene Art, mit mir umzugehen. Sie war eine intelligente junge Frau. Sie konnte nach vorn blicken. Sie war zu Krock gegangen. Sie verlor keine Zeit. Sie packte die Dinge gleich an. Sie besaß genug Verstand, das zu tun. Sie war immer knapp bei Kasse. Sie mußte immer aufpassen, was sie ausgab, wie sie die Rechnungen bezahlte. Ihr Stiefvater würde sich stets um sie kümmern, aber er hatte seine eigenen Kinder. Bestimmt hatte sie nichts Großes von ihrem Vater zu erwarten. Sie arbeitete, und sie finanzierte ihr Leben«, so charakterisiert sie ihr damaliger Vorgesetzter Frank Waldrop rückblickend. Insbesondere ein Talent erleichterte ihr die Interviews: Jacqueline kam rasch mit Fremden ins Gespräch. Sie konnte zuhören und besaß eine Offenheit, die ihr später im Weißen Haus wie auch bei der Verlagsarbeit half.

Das Inquiring Camera Girl befragte aufstrebende Politiker wie Richard Nixon und andere Prominente: Sind Männer mutiger als Frauen? Genießen Reiche das Leben mehr als Arme? Sie hielt Passanten auf Washingtons Straßen an und fragte: Glauben Sie, daß die Hoffnung eines Tages stirbt? Halten Sie einen Bikini für unmoralisch? Wenn Sie eine Verabredung mit Marilyn Monroe hätten, worüber würden Sie mit ihr sprechen? Während des Wahlkampfes im Herbst 1952 bat Jacqueline um politische Statements: Was denken Sie über Präsident Trumans Platz in der Geschichte? Wen würden Sie gern in Eisenhowers Kabinett sehen? Sollte Charles E. Wilson Verteidigungsminister werden, obwohl er für 2,4 Millionen Dollar General-Motors-Aktien besitzt? Wird Indochina ein zweites Korea? Neben diesen Interviews zur aktuellen Politik formulierte sie fiktive Gespräche mit den Präsidenten Washington,

Jacqueline Bouvier 1952, zur Zeit, als sie John F. Kennedy kennenlernte, als Inquiring Camera Girl beim ›Washington Times-Herald‹

Adams, Jefferson, Lincoln und beschrieb deren Standpunkte zum Thema »nationale Unabhängigkeit«.

Anfang 1953 nutzte sie ihre Kolumne für einen indirekten Dialog mit John F. Kennedy. Er traf sich nun regelmäßig mit ihr, sprach aber eine gemeinsame Zukunft noch immer nicht an. Sie fragte die Bürger jetzt: Wann haben Sie entdeckt, daß Frauen nicht das schwächere Geschlecht sind? Chaucer sagte, Frauen wünschen sich hauptsächlich Macht über Männer. Was wollen Frauen Ihrer Meinung nach am meisten? Nennen Sie einen Grund, warum ein zufriedener Junggeselle heiraten sollte.

Neben der Zeitungsarbeit schrieb Jacqueline das Skript zu einem TV-Dokumentarfilm über das historische Octagon-Haus in Washington, in dem Präsident James Madison und seine Frau Dolley 1812 gelebt hatten. Doch der Sender mußte schließen, bevor der Film produziert war.

Bekanntschaft mit Hindernissen

Jacqueline Bouvier und John F. Kennedy hatten sich eigentlich 1948 bei der Hochzeit von Charles Bartletts Bruder kennenlernen sollen. Doch John – privat Jack genannt – verließ die Feier schneller, als Charles ihn vorstellen konnte. Der Freund aus gemeinsamen Navy-Tagen mußte noch zwei Dinnerpartys organisieren, bis beide Interesse füreinander zeigten.

1952 sahen sich John und Jacqueline sporadisch; der Wahlkampf schränkte die Freizeit des Jungpolitikers ein. Der Fünfunddreißigjährige wollte als Abgeordneter von Massachusetts in den Senat einziehen. Und er liebte unverbindliche Affären. Er war aber durchaus fasziniert von Jacquelines Charme und Stil. Sie verkörperte mit 21 Jahren bereits damenhafte Eleganz; zugleich trat sie selbstbewußt auf und überzeugte durch ihre Intelligenz. Offen mokierte sie sich über Johns Eitelkeit, wenn er auf Partys nicht erkannt wurde. Sie hielt die Kennedys für Emporkömmlinge – eine Meinung, die ihre Familie teilte.

Im Juli 1952 stellte John die neue Freundin Eltern und Geschwistern vor. Hier prallten kulturelles Interesse, Belesenheit und Schick auf amerikanischen Sportsgeist und einen rüden Umgangston im Familienclan. Johns Schwestern Kathleen, Eunice, Patricia und Jean wußten mit der jungen Dame nichts anzufangen. Vermutlich erlebten beide Seiten einen Schock.

Jacqueline lehnte den sportlichen Wettkampf mit den Kennedy-Schwestern rundheraus ab. Sport hieß für sie reiten, Tennis spielen, Wasserski. Sie machte eine gute Figur neben John im Segelboot, doch für Frauenfußball auf dem Rasen des Kennedy-Stammhauses in Hyannis Port erwärmte sie sich nie. Als sie einen Versuch startete, brach sie sich den Knöchel.

Am 20. Januar 1953 führte der Senator Jacqueline auf Eisenhowers Inaugurationsball. Seit dem Ende des Wahlkampfes zeigte er sich mit ihr in der Washingtoner Gesellschaft. Das Volk erwartete eine Familie von dem Politiker. Und John F. Kennedy brauchte dringend einen soliden Ruf plus eine repräsentative Ehefrau. Für diese Rolle bot Jacqueline die ideale Besetzung. Der ehrgeizige Schwiegervater in spe, Joe Kennedy, betrachtete sie wohlwollend. Jacqueline mochte ihn sofort. Beide erkannten im anderen den gleichen willensstarken Charakter. Im Februar besuchte John Jacquelines Vater in New York; trotz politischer Differenzen verstanden sich die Männer. Jetzt lag der Grundstein für die amerikanische Jahrhunderthochzeit.

John F. Kennedy

Der Senator stammte aus Brookline, Massachusetts. 1935 hatte er seine Schulausbildung an der Choate Academy in Wallingford, Connecticut, beendet. Er immatrikulierte sich an der Princeton University, mußte jedoch nach einem halben Jahr das Studium wegen Krankheit abbrechen. Ab 1936 studierte er an der Harvard University »Gouvernment« und »International Relations«; er schloß das Studium 1940 mit »cum laude« ab. Anschließend besuchte er weiterführende Wirtschaftsseminare an der Stanford University.

Der japanische Angriff auf Pearl Harbour am 7. Dezember 1941 motivierte John F. Kennedy, sich freiwillig zum Kriegsdienst zu melden. Er kam zu Beginn des folgenden Jahres als Marineoffizier auf ein Patrouillenboot. Am 2. August 1943 griff ein japanischer Zerstörer sein Torpedoboot PT 109 an, das laut Befehl selbst feindliche Zerstörer aufspüren sollte. Kommandant John F. Kennedy erhielt für seinen mutigen Einsatz bei der Mannschaftsrettung die »Navy and Marine Corps Medal« sowie das »Purple Heart«. Warum er als Verantwortlicher eines wendigen Torpedobootes allerdings den nur langsam näherkommenden Feind nicht rechtzeitig erkannt hatte, blieb ungeklärt. Der Kriegsheld hieß Kennedy.

Seine politische Karriere begann 1946 als Abgeordneter des 11. Kongreßdistrikts von Massachusetts im Repräsentantenhaus. Der machthungrige Vater Joe Kennedy hatte ursprünglich Johns älteren Bruder Joe für ein politisches Amt eingeplant; doch er fiel 1944. Der Patriarch selbst hatte sich als Botschafter um jede weitere Karriere gebracht, als er Winston Churchill sagte, England habe gegen Hitler keine Chance. Bis 1952 blieb John Mitglied des Repräsentantenhauses und kandidierte dann erfolgreich für den Senat. Er siegte über den Republikaner Henry Cabot Lodge, ein politisches Zugpferd Eisenhowers. Dennoch war 1952 das Jahr der Republikaner; der Präsident wurde im Amt bestätigt.

John F. Kennedys Plus als Politiker war sein Wissensdurst. Er konnte wie Jacqueline Bouvier hervorragend zuhören, stellte interessierte Fragen und gab jedem Gesprächspartner das Gefühl, ernstgenommen zu werden. Selbst erzählte er gern Anekdoten und Witze. Er lebte gesellig, stand rasch im Mittelpunkt.

Im Oktober 1951 unternahm John F. Kennedy mit seiner Schwester Patricia und seinem Bruder Robert eine Weltreise. Der aufstrebende Politiker wollte die Presse auf sich aufmerksam machen. Sie flogen nach Israel, Indien, Indochina und Japan; sie trafen sich mit lokalen Politikern und gaben Interviews. In Tokio brach John plötzlich mit 41 °C Fieber zusammen. Ähnliche Symptome waren schon 1947 in England aufgetreten. Der Arzt hatte damals die Addison-Krankheit diagnostiziert, eine Nebennierenrinden-Insuffizienz. Nebennierenrinde und Immunsystem werden bei diesen Patienten langfristig zerstört. Eine beliebige Infektion kann dann zum Tod führen. Mit den Begleiterscheinungen dieser Krankheit kämpfte John F. Kennedy sein Leben lang: Erschöpfung, Untergewicht, Verdauungsstörungen, Schwindel, verminderte Herzschlagfrequenz, niedriger Blutdruck. Sogar sein jugendliches Aussehen und die fehlende Graufärbung seiner Haare im Alter sind typisch für Addison-Erkrankte.

Die übliche Therapie sah regelmäßige Cortisongaben vor. Das Glukokortikoid der Nebennierenrinde ist als Medikament seit 1949 im Handel. Nebenwirkungen dieser Therapie können

Jacqueline Bouvier
und Senator John F.
Kennedy 1953

Magenbeschwerden und eine aufgedunsene Gesichtshaut sein.
Der schlanke John F. Kennedy zeigte phasenweise mit aufge-
schwemmten Wangenpartien das klassische Symptom. Corti-
son ist aber auch ein anregendes Medikament, das die Lebenslust steigert. Manche Biographen machen es für Johns
sexuellen Appetit verantwortlich.

Journalistin auf Reportagereise

Als Jacqueline im Mai 1953 mit ihrer Freundin Aileen Bowdoin für den ›Washington Times-Herald‹ nach England flog,
um über die Krönung Elisabeths II. zu berichten, existierten
noch immer keine Zukunftspläne mit John F. Kennedy. Nicht
grundlos besteht das Gerücht, sie wollte ihn mit dieser Reise
zur Entscheidung drängen.

Frank Waldrop, Chefredakteur des ›Washington Times-Herald‹, erinnert sich: »Bevor sie nach England fuhr, hörte ich, daß
sie mit dem neuen Senator Jack Kennedy herumlief. Sie hatte
ihn für die Kolumne interviewt. Ich rief sie in mein Büro. ›Er

Die Kennedys 1947 in Hyannis Port

ist eine Generation älter als Sie. Passen Sie auf sich auf.‹ Sie
war sehr ernst. ›Ja, Sir‹, sagte sie ruhig. Das nächste, was ich
erhielt, war eine Einladung zur Hochzeit.«

In London interviewte Jacqueline das Personal des Buckingham Palastes, forschte nach Details aus dem königlichen Privatleben, suchte Indiskretionen in Hofkreisen und verhielt sich
als Journalistin exakt so, wie die Reporter ihr sieben Jahre später als First Lady zusetzen sollten. Verständnis für die Presse
wird sie deshalb nie entwickeln. Sie nahm ihren Job in London
ernst und zeichnete Skizzen der Krönungsfeierlichkeiten, die
im ›Herald‹ zusammen mit ihren Artikeln erschienen. John
schrieb sie von rauschenden Partys und interessanten Männern. Er telegrafierte umgehend, daß er sie vermisse. Und Jacqueline bekam schließlich per Telefon, was sie ersehnt hatte:
den Heiratsantrag.

Am 14. Juni flog sie zurück nach Washington und kündigte
sofort ihre Stelle als Fotoreporterin. Doch die Verlobung konnte noch nicht bekanntgegeben werden: Erst mußte Mitte Juni
die ›Saturday Evening Post‹ ihren Artikel ›The Senate's gay
young Bachelor‹ (›Der lebenslustige junge Junggeselle aus dem

Senat‹) herausbringen. Publicity und Politik gingen von Beginn an vor. Die Verlobungsparty am 24. Juni fand dann nach dem Geschmack der Kennedy-Geschwister in Hyannis Port statt. Bei einem Suchspiel sollten die Gäste einen langen Gegenstand herbeischaffen: Johns Schwester Patricia »entführte« einen Linienbus und gewann die Partie. Robert Kennedy bestand die geforderte Mutprobe: Er stahl einem Polizisten die Mütze. Die Party endete mit Polizeiaufgebot vor dem Haus. Jacqueline Bouvier hatte ihre neue Familie gründlich kennengelernt.

Jackie Kennedy

Die Brautmutter Janet Auchincloss lehnte die Heirat ihrer Tochter mit John F. Kennedy ab. Daß seine Familie mittellos aus Irland eingewandert war, galt ihr als Makel. Joseph (»Joe«) Kennedy hatte zwar erfolgreich an der Börse spekuliert, während und kurz nach der Prohibition Whisky gewinnbringend verkauft und anschließend in Hollywood mit zweitklassigen Filmen sein Geld vermehren können, doch gesellschaftlich anerkannt waren die Kennedys kaum.

Für diese war Jacqueline Bouvier genau die Richtige. Dank der Wiederheirat ihrer Mutter gleich aus zwei wohlangesehenen Familien stammend, attraktiv, katholisch und gebildet, besaß Jackie alle Voraussetzungen für die Ehefrau eines Jungpolitikers. Neuer Reichtum und politischer Ehrgeiz trafen hier auf Standesbewußtsein und die Fähigkeit zu repräsentieren. »Sie ist poetisch, verrückt, provokant, unabhängig und doch immer feminin«, charakterisierte Robert Kennedy seine Schwägerin. »Jackie hat immer ihre eigene Identität bewahrt und blieb anders. Das ist wichtig für eine Frau. Welcher Ehemann möchte abends nach Hause kommen und mit einer Zweitausgabe von sich selbst sprechen? Jack wußte, sie würde ihn nie mit ›Was gibt's Neues in Laos?‹ begrüßen.«

Jacqueline konnte ihren Lebensstil ohne das Geld der Kennedys nicht aufrechterhalten und John sein Vermögen nur dank dieser Frau in der Oberschicht genießen. Auch sein politischer Machtanspruch erforderte eine Anbindung an die Gesellschaft. Eine perfekte Verbindung, doch wenig Substanz für eine Ehe.

Hochzeit und Hochzeitsreise

Am 12. September 1953 waren beide am Ziel: Sie heirateten in der Kirche St. Mary's in Newport auf Rhode Island. Stiefvater Hugh Auchincloss führte Jackie zum Altar, während ihr leiblicher Vater seinem Ruf treu blieb und betrunken im Hotelzimmer lag. Michael Canfield, Lees Mann, soll von Janet den Auftrag erhalten haben, ihn mit Alkohol zu versorgen. Die Brautmutter wollte verhindern, daß ihr Ex-Mann auf der Hochzeit erschien. Wenige Monate zuvor hatte John Bouvier seine jüngere Tochter Lee noch an den Altar geleitet.

Kardinal Richard J. Cushing vollzog die Trauung, Papst Pius XII. spendete aus Rom Apostolischen Segen. Und vor Ort lauschten 800 geladene Gäste dem »Yes, I will«. Die Braut war 24 Jahre alt, der Bräutigam 36. Als das Paar die Kirche verließ, säumten über 3000 Schaulustige die Straße. Reporter sprangen mit ihren Teleobjektiven über die Sperren und drängten die Gäste auseinander. Jeder wollte die schönsten Motive einfangen. Zum anschließenden Empfang auf Hammersmith, Jackies zweitem Elternhaus, erschienen 1200 Gäste: Presse, demokratische Senatsmitglieder und – fast schon am Rande – die Verwandtschaft. Joe Kennedy finanzierte das Fest und wußte die Hochzeit seines Sohnes politisch voll auszuschöpfen. Janet und Hugh Auchincloss empörten sich über diese vulgäre Präsentation von Geld und Macht auf ihrer Farm. Jackie merkte rasch, daß ihre Ehe in der Öffentlichkeit spielte und Privates im Blitzlicht der Kameras stand. ›New York Times‹, ›Boston Globe‹ und weltweit viele weitere Zeitungen machten die Hochzeit zur Titelstory.

Die Hochzeitsnacht verbrachten Jackie und John im New Yorker First-Class-Hotel Waldorf Astoria. Ihre Hochzeitsreise führte nach Acapulco, wo sich John schon bald gelangweilt

He would build empires
And he would have sons
Others would fall
Where the current runs
He would find love
He would never find peace
For he must go seeking
The Golden Fleece.

Er wird Welten errichten,
Er wird Söhne zeugen.
Mögen andre verzichten
Und dem Schicksal sich beugen.
Er wird Liebe finden,
Doch statt Frieden nur Qual.
Er muß ihn suchen
Den heiligen Gral.
Jackie Kennedy über ihren Ehemann, Oktober 1953, kurz nach der Hochzeit

Hochzeit unter den
Augen der Politik
und der Presse

haben soll. Weiter ging es nach Santa Barbara zu seinen Freunden Red und Anita Fay. Hier fühlte er sich wohler; die vier besuchten Footballspiele, und Jackie lernte die weniger romantische Seite ihres Ehemanns kennen.

Zwei Menschen – eine Ehe

Eine vielseitig interessierte, nach Europa ausgerichtete Frau trat mit dieser Hochzeit in die Welt einer wettkampforientierten amerikanischen Großfamilie. Ihr Motto: Wir sind die Sieger. Die Kennedys führten den Kampf um Platz 1. Jackie war dieses Denken fremd, sie wird es sich nie aneignen. Gemeinsamkeiten mit John und seinen Geschwistern existierten kaum. Beide waren sportlich, doch wo John den Sieg suchte, wollte Jackie den Zeitvertreib, das Vergnügen. Sie führte ihn an Literatur und Poesie heran; er las seit seiner Jugend viel. Später überredete sie ihn während einer Genesungsphase zum Malen. Doch den Großteil ihrer zehnjährigen Ehe lebten sie in getrennten Welten.

John blieb der eigenen Frau wie Freunden gegenüber kühl; er nahm nicht wirklich an ihrem Leben teil. Der Bekanntenkreis und die Familie dienten ihm zur Unterhaltung. Karriere, Macht und Anerkennung lockten jedoch weit mehr. So suchte er politisch

Die Kennedy-Brüder John, Robert und Edward

wie privat neue Herausforderungen: Erfolg, Frauen, sportliche Wettkämpfe. Allein zu zweit hielt er nicht lange durch.

John F. Kennedy fühlte sich auch nach der Hochzeit unabhängig und behandelte Jackie nach dem väterlichen Vorbild. Er blieb der sexuelle Abenteurer seiner Junggesellenzeit. Der Ruf seines Sohnes John als Sexsymbol der Neunziger hätte ihm ver-

Jackie mit der ältesten Tochter, Caroline

mutlich imponiert. Bei Frauen vergaß er seine Disziplin und riskierte – wie Nachfolger Bill Clinton – durchaus die politische Laufbahn. Hier eine Mafia-Geliebte, dort eine kommunistische Spionin und Prostituierte, später die tablettensüchtige Leinwandschönheit oder Sekretärinnen im Weißen Haus – sie alle waren ihm Seitensprünge wert. Jackie lernte seine Eskapaden zu tolerieren, jedoch mit Zynismus. Ihre Reaktion wird die Flucht in Wochenendtrips – solo oder mit den Kindern – und Reisen, meist mit ihrer Schwester Lee sowie mit deren Jet-set-Anhang. Ihre Mutter hatte die Untreue John Bouviers nicht geduldet, sondern die Scheidung eingereicht. Schwiegermutter Rose Kennedy nahm Joes Eskapaden stets stillschweigend hin. Jackie bäumte sich langsam auf und kämpfte für eine sichere Existenz.

Truman Capote beschrieb die Situation der betrogenen Ehefrau Jackie Kennedy treffend: »Sie und ich aßen allein zu Abend oder gingen ins Theater. Wir saßen bis vier oder fünf Uhr morgens zusammen und redeten. Sie war reizend, eifrig, intelligent, nicht ganz selbstsicher und verletzt, kränkte sich, verletzt, weil sie wußte, daß er [John F. Kennedy] diese anderen Weiber bumste. Sie sagte das nie, aber ich hatte Andeutungen gehört. Was ich nicht verstehe, warum alle Leute die Kennedys für so sexy hielten.«

Das junge Ehepaar wohnte zuerst in Hyannis Port – an der Ostküste – im Haus der Kennedys. Hier erlebte Jackie eine reiche, jedoch geizige Familie in großen, aber reparaturbedürftigen Häusern. Ästhetisches Ambiente suchte sie bei Rose und Joe Kennedy vergebens. Der Mittelpunkt eines gemeinsamen Lebens mit John fehlte. Zudem war der Senator viel unterwegs; abends traf er Politiker und Wirtschaftsführer oder hatte eine Rede zu halten. Selbst an den Wochenenden sah sie ihn kaum. Landauf, landab warb er um Wähler für die Demokraten. Wiederholt besuchte Jackie allein ihre Mutter in Merrywood.

Ende 1953 mietete das Paar bis Sommer 1954 ein Haus in Washingtons malerischem Stadtteil Georgetown, am Dent Place. Doch nachdem Jackie ihr erstes Heim eingerichtet hatte, blieb wieder nur das Warten auf John. Sie bereitete ihm mittags den Lunch und schickte ein Päckchen in sein Büro, kümmerte sich um seine Garderobe und sorgte für eine elegantere Erscheinung des jungenhaften, oft allzu saloppen Kennedy. Bei schönem

Dent Place in Georgetown, wo die Kennedys 1953–1954 wohnten

Wetter saß sie mittags mit ihm auf den Stufen des Kapitols oder auf dem Rasen; sie picknickten. Um sich zu beschäftigen und Johns Beruf besser zu verstehen, belegte sie am Außenpolitischen Institut der Georgetown University einen Kurs über die Geschichte Amerikas. Von der Tribüne hörte sie sich seine Senatsreden an.

Jackies Ambitionen zu schreiben unterdrückte der aufstrebende Ehemann; eine Konkurrentin im eigenen Haus duldete John F. Kennedy nicht. Er hatte früh sein erstes Buch ›Why England Slept‹ veröffentlicht und wollte allein im Rampenlicht stehen. Die Ehefrau durfte ihm bei der Routinearbeit zuarbeiten, Literatur nach geeigneten Zitaten durchforsten und bei der fremdsprachigen Korrespondenz helfen. Ansonsten hatte sie sich auf das Haus zu konzentrieren. Jackie Kennedy fehlte eine Aufgabe in ihren frühen Ehejahren.

Krankheit und Operationen

Bereits im Herbst 1954 belasteten Gesundheitsprobleme die Ehe: John litt an massiven Rückenschmerzen – ausgelöst durch einen Bandscheibenschaden, den er sich beim Footballspielen zuge-

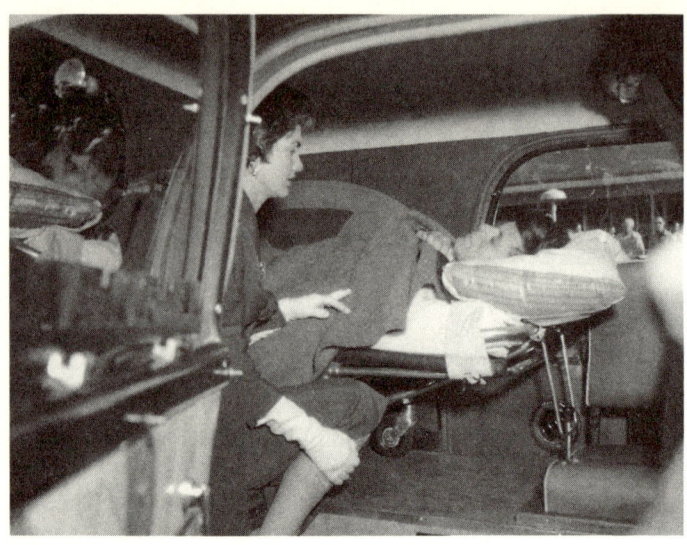
Krankentransport nach Palm Beach im Februar 1954

zogen hatte, und eine Kriegsverletzung von 1943. Er bewegte sich an Krücken, die er vor der Öffentlichkeit zu verstecken suchte. Die dringend notwendige Rückenoperation stand der Karriere und dem Ruf des energiegeladenen Senators im Weg. Im New Yorker Krankenhaus war er politisch monatelang ausgeschaltet. Sein demokratischer Konkurrent Lyndon B. Johnson konnte die Situation ausnutzen. Zudem bedeutete seine Addison-Erkrankung ein Risiko; die Heilungschancen waren vermindert.

Die erste Operation fand am 21. Oktober 1954 statt. Die unteren zwei Bandscheiben mußten entfernt und der letzte Wirbel über eine Metallplatte mit dem Kreuzbein verblockt werden. Anschließend blieb dieser Rückenabschnitt steif. Drei Tage nach dem Eingriff trat eine bakterielle Harnweginfektion ein; Jack fiel ins Koma. Seine Addison-Erkrankung hatte das Immunsystem stark geschwächt. Kardinal Francis Spellmann bereitete die Letzte Ölung auf dem Krankenbett vor. Doch John überlebte. Er genas allerdings während der folgenden Wintermonate nicht. Die Wunde eiterte und näßte. Die Verbände mußten mehrmals täglich gewechselt werden. »Diese Aufgabe übernahm Jackie, nachdem der Arzt es ihr gezeigt hatte ... Sie stellte sich dabei sehr geschickt und vorsichtig an und verlor kein Wort darüber.« (Rose Kennedy) Am 15. Februar 1955 entfernten die Ärzte die Metallplatte und ersetzten sie durch Knochensubstanz. Diese Methode versprach Erfolg.

Die zwei lebensbedrohlichen Operationen gaben Jackie – zumindest für einige Monate – eine Aufgabe. John brauchte seine Frau. Sie zerstreute in der Öffentlichkeit Gerüchte um den Todkranken und schrieb Parteifreund Johnson, wie gut es ihm ginge, als die Familie noch um ihn bangte. Die Fünfundzwanzigjährige entwickelte sich in dieser Zeit zu einem anerkannten Mitglied des Kennedy-Clans. Johns Geschwister hatten in ihr nur die Kleine mit schöngeistigen Ambitionen, die Leseratte und den Frankreich-Fan gesehen. Daß sie John psychisch stützte und ihn über Monate pflegte, ablenkte und unterhielt, zeigte ihre Stärke.

John F. Kennedy trug nach diesen Operationen täglich ein Stützkorsett, schlief auf harten Matrazen und genoß seine Gespielinnen am liebsten auf sich oder im Stehen an eine Wand gelehnt. Schmerzmedikamente begleiteten ihn. Über Beschwerden sprach er jedoch nie. Seine ungesund blasse Gesichtsfarbe bräunte er nach dem Klinikaufenthalt in Palm Beach im Sommerhaus der Familie. Ein krankes Image konnte sich der Politiker im Land der Erfolgreichen, Sportlichen und Smarten nicht leisten. Er baute bewußt das Bild des starken Mannes auf, der Amerika in eine neue, eine bessere Epoche führen wollte. Nicht grundlos hieß sein politisches Programm als Präsident »New Frontiers«.

›Zivilcourage‹

Während John F. Kennedy sich Anfang 1955 von den Rückenoperationen erholte, plante er das Buch ›Zivilcourage‹ und recherchierte mit Jackies Hilfe über amerikanische Senatoren. Er wollte Mut als politische Triebkraft darstellen und beweisen, daß Demokraten wie Republikaner aus moralischer Überzeugung die Karriere zurückstellten. Im Vorwort zu ›Zivilcourage‹ dankte er seinem »Kollegen« Sorensen und seiner Ehefrau. Sie stellte den Kontakt zum Verlag Harper and Brothers her. Kennedys Redenschreiber Theodore Sorensen soll einen Großteil des Buches als Ghostwriter verfaßt haben.

›Zivilcourage‹ thematisiert die Notwendigkeiten der Tages-
politik und die Schwierigkeit, die Wählergunst niemals zu verlieren. Idealismus wird gefordert. »Standhaftigkeit und Würde
unter äußerstem Druck« soll ein Politiker zeigen. Aber der Autor räumt auch ein, daß ein Politiker das Recht habe, persönliche Vorteile aus seiner schwierigen Rolle zu ziehen. Welche
Zivilcourage meinte John F. Kennedy – Mut zur Ehrlichkeit
oder Mut zur Korruption?

Dem Buch fehlt der pointierte Stil vieler Kennedy-Reden. Ob
es eine herausragende literarische bzw. journalistische Lei-
stung darstellt, darf bezweifelt werden. Dennoch wurde ›Zivilcourage‹ im März 1957 mit dem Pulitzer-Preis ausgezeich-
net. Joe Kennedy hatte große Mengen des Buches aufkaufen
lassen, um den Titel als Bestseller zu lancieren. Auch dazu
gehörte Courage.

Szenen einer Ehe

Im Frühling 1955 kauften John und Jackie in McLean, nur wenige Kilometer von Washington entfernt, ein georgianisches
Landhaus: Hickory Hill am Potomac. Zum Grundstück gehörten Pool, Pferdeställe, Obstgarten und Weideland. Jackie richtete ein Kinderzimmer ein. Doch kurz darauf stürzte eine Fehlgeburt sie in Depressionen. In London suchte sie Ablenkung
bei ihrer Schwester Lee. Zusammen fuhren sie nach Paris und
weiter nach Südfrankreich, wo sie sich mit Freunden an der
Riviera trafen. Ende August stieß John dazu und machte Gerüchten um eine Trennung ein Ende. Die früh in der Presse
aufflackernden Gerüchte über die Scheidungsabsichten Jackies
waren politisch brisant. Rose Kennedy versuchte die Angele-
genheit herunterzuspielen: »Man liest immer wieder, Jack und
Jackie hätten in ihrer Ehe gewisse Probleme gehabt. Wen in
aller Welt würde das überraschen. Trifft das nicht auf alle Ehe-
paare zu? Glückliche Ehen werden, wie man sagt, vielleicht
im Himmel geschlossen, aber sie können nirgends anders ge-
führt werden als auf der Erde …«

Gemeinsam fuhren Jackie und John von Südfrankreich aus
zum Staatsbesuch nach Polen und weiter zur Papst-Audienz
nach Rom. Schließlich führte die Reise zurück ans Mittelmeer,
wo Aristoteles Onassis sie auf seine Jacht einlud. Es ist ein

flüchtiges Kennenlernen. Noch sind beide verheiratet, und noch birgt die Zukunft für beide andere Romanzen.

Nur ein gutes Jahr später, im November 1956, war Jackie wieder allein unterwegs. Wieder ging die Reise zu Lee. Jackie hatte im August ein Mädchen totgeboren, während John sich auf einem Segeltörn amüsierte. Nun suchte sie Zerstreuung, emotionalen Halt, vielleicht auch Rache für die Demütigungen. Die Öffentlichkeit sah die junge Senatorenfrau vergnügt auf Londoner Partys und beim Einkaufen. Die Boulevardpresse spekulierte erneut über Scheidung. Mitte der Fünfziger blieb eine Ehefrau bei ihrem Mann und reiste nicht allein durch Europa.

Der Lebensstil ihrer Schwester imponierte Jackie: Michael Canfield, der einst smarte Diplomat, war zum Alkoholiker verkommen, und Lee vergnügte sich im Jet-set mit diversen Liebhabern. Darunter war auch schon der 19 Jahre ältere Pole Stanislas Radzivill, ab 1959 ihr zweiter Ehemann. Der Immobilienmakler besaß ein Haus in London, ein Landhaus mit Hallenbad und ein Zwölf-Zimmer-Appartement in New York.

Um die Gerüchte zu stoppen und Johns Karriere zu sichern, soll Schwiegervater Joe Jackie – je nach Quelle – einen Fonds für ihre Kinder geboten haben, der nach zehn kinderlosen Ehejahren auf sie überging, oder 1 Million Dollar für die Aufrechterhaltung der Ehe. Nach Aussagen von Familienmitgliedern wie Peter Lawford (Patricia Kennedys Ehemann) stimmt beides nicht. Jackie und Joe Kennedy sollen sich über derlei Pressemeldungen sogar amüsiert haben. Fakt ist jedoch: Jackie erhielt Ende 1956 die Chance, sich vom Familienclan zu distanzieren. Gemeinsame Ferien mit Abendessen in großer Runde, wie Joe und Rose Kennedy sie in Hyannis Port schätzten, waren für sie nicht mehr zwingend. Sie durfte nach ihren Vorlieben leben, sich zurückziehen und Kulturtrips unternehmen. John suchte ein neues Haus in Washington. Hickory Hill erinnerte Jackie allzu sehr an das tote Kind. Im Gegenzug garantierte sie ihre Unterstützung für die Senatswahlen 1958 und für den Präsidentschaftswahlkampf 1960. John F. Kennedy blieb die Ehefrau im Schein der Blitzlichter erhalten.

Sie überließen das Landhaus Robert und Ethel Kennedy mit ihren vier Kindern und mieteten ein Haus in Georgetown: 3370 N Street. Wieder widmete sich Jackie der Inneneinrichtung.

Und John reagierte entsetzt auf die Ausgaben. Innerhalb weniger Monate ließ sie das Haus mehrfach umgestalten. Zwar waren die Kennedys reich – später wird der Präsident sein Jahreseinkommen von 100 000 Dollar für gemeinnützige Zwecke stiften –, doch Jackies Einkäufe überstiegen auch seine Möglichkeiten. Auseinandersetzungen erschwerten ihren Alltag. Schließlich zahlte Schwiegervater Joe; er wird ebenso die Kleiderrechnungen aus dem Weißen Haus übernehmen und später die Kennedy-Witwe finanzieren.

Bis zum Wahlsieg Ende 1960 bestimmte Jackie nun selbst ihre Tagesplanung. Sie wehrte sich gegen Bevormundung und schirmte sich ab. Vor allem Rose Kennedys Ratschläge ignorierte sie fortan. Mit John erwarb sie für die Freizeit ein schindelgedecktes Haus auf Squaw Island nahe dem Familiensitz der Kennedys, doch weit genug entfernt, um ein Privatleben zu garantieren.

Jackie Kennedy und die Politik

Im Jahr 1952 war die Bekanntschaft mit John F. Kennedy noch zu jung gewesen, um Jackie in seinen Wahlkampf einzubeziehen. Sie hatte jedoch schon vor der Verlobung bemerkt, daß der Ehrgeizige kaum Zeit für sie opferte. 1958 und Anfang 1960 beteiligte sie sich engagiert im Wahlkampf, lernte die Auftritte und Menschenmassen aber schnell hassen. Smalltalk mit der Landbevölkerung, mit Provinzpolitikern fiel ihr schwer. Bilder zeigen eine schweigende, oft abgewandte Jackie. Dem Lunch mit Ehefrauen anderer Senatsmitglieder ging sie am liebsten aus dem Weg.

Jackie interessierte sich nicht für Politik. Auf Wahlkampfreisen hielt sie sich aus strategischen Besprechungen heraus. Sie las auf den Fahrten. Am Ziel entsprach sie dann den Vorstellungen über die Frau an seiner Seite: Sie wirkte attraktiv, sie lächelte, hörte den immer gleichen Reden scheinbar interessiert zu und schüttelte wartende Hände. Auch Blumensträuße nahm sie in jeder Stadt entgegen. In Dallas werden es einmal rote Rosen sein. John Kenneth Galbraith, Freund der Kennedys und ehemaliger Botschafter sowie Wahlkampfhelfer, meinte 1960 in einem Interview: »Meine stärkste frühe Erinnerung an sie war der Tag, an dem der Senator auf dem Weg nach Philadelphia

Gemeinsame Arbeit im Büro, 1958

war. Er trug eine Aktenmappe voller Papiere. Sie hatte die Memoiren vom Hof Ludwigs XIV. bei sich.«

Zu Hause in Washington las Jackie Johns Reden und studierte rhetorische Feinheiten mit ihm ein. Allmählich sprach er langsamer, pointierter und nahm während seiner Vorträge die Hände aus den Hosentaschen. Er lernte Gestik bewußt einzusetzen. Seine Auftritte wurden während des Wahlkampfs perfekter, und das neue Medium Fernsehen hielt jedes Detail fest. Dank Übung und Jugend wirkte John F. Kennedy telegen.

Jackie engagierte sich 1958 im amerikanischen Hilfskomitee für Korea und unterstützte einen Studentenaustausch mit Kuba. Noch hatten die Klassenfeinde Fidel Castro und Che Guevara nicht die Macht auf Kuba übernommen, und die Vereinigten Staaten von Amerika unterhielten freundschaftliche Beziehungen zu Sergent Batista y Zaldívars Militärdiktatur. Jackie Kennedys Spanischkenntnisse erleichterten den Briefverkehr und die Einrichtung eines kulturellen Austauschprogramms für Studenten. Doch schon am 1. Januar 1959 zog Castros Sozialismus in Havanna ein, und kein amerikanischer Student war mehr auf der Insel willkommen.

Später machte Jackie Politik im Alltag. 1961 bis 1963 besuchte das Kind eines farbigen Botschafters Jackies Kindergarten im Weißen Haus – eine kleine Sensation. 1954 hatte das Oberste

Gericht noch erklären müssen, daß die Rassentrennung an Schulen der Verfassung zuwiderlief. 1956 wurde auf Initiative von Martin Luther King in Montgomery die Rassentrennung in öffentlichen Verkehrsmitteln aufgehoben. Im Frühjahr 1963 setzt die Polizei in Birmingham bei Demonstrationen für die Integration Farbiger Waffengewalt ein. Im August 1963 organisierte Martin Luther King den Marsch auf Washington und hält vor 200 000 Demonstranten seine Rede ›I Have a Dream‹. Erst 1966 wird die Rassentrennung im öffentlichen Leben Amerikas per Gesetz verboten.

Soziales und Gesundheit, Kultur und Bildung waren die klassischen Frauenthemen; hier setzten die politischen Berater Jackie ein. Zwei Nachmittage pro Woche widmete sich die Senatorenfrau karitativen Pflichten – häufig gemeinsam mit Johns jüngster Schwester Jean. Sie waren fast gleich alt und verstanden sich.

Am besten ließen sich Jackies Sprachkenntnisse im Wahlkampf nutzen: Sie parlierte Französisch und Spanisch, etwas Italienisch. Ihre Ansprachen vor südamerikanischen und südeuropäischen Einwanderern zeigten John F. Kennedy, daß er von seiner Frau politisch profitieren konnte. Auch in seinem Büro half sie weiterhin; sie beantwortete spanische und französische Anfragen. Bei Auslandsreisen dolmetschte sie später für ihn, John sprach nur Englisch. Als sich Ende 1959 Vietnam zum politischen Krisenherd entwickelt, übersetzte sie ihm französische Texte über Indochina.

Die Kennedy-Berater nutzten Sprache und Herkunft wesentlich stärker als Kennedys politische Vorgänger – und auch seine Nachfolger. John F. Kennedy betonte vor irischen Immigranten gern seine irische Herkunft und seinen Katholizismus, den er vor der Masse protestantischer Amerikaner lieber verschwieg. Er sprach einige Worte Polnisch vor polnischen Einwanderern und später das berühmte »Ich bin ein Berliner« in der geteilten Stadt. Jackies Sprachbegabung und ihre Anziehungskraft auf das Volk waren stets eine große Hilfe.

Doch als sie nach der Senatswiederwahl 1958 erkannte, daß der eigentliche Wahlkampf – für die Präsidentschaft – gerade erst begonnen hatte, reagierte sie verstört. Jackie wollte endlich ein »normales« Eheleben führen und mit ihrer kleinen Tochter eine Familie aufbauen. John F. Kennedy aber wollte Präsident von Amerika werden. Und dabei wußte er seine Familie hinter sich: Mutter Rose und seine Schwestern Kathleen, Eunice, Patricia und Jean ließen sich gern einspannen. Die Frauen traten bei seinen Reden wie Cheerleader auf; Jackie nannte sie verächtlich »Ra-Ra-Girls«.

Der Wahlkampf 1960 begann hart; in den Staaten des Mittelwestens waren die katholischen, reichen Kennedys unbeliebt. Jackie galt hier als Society-Lady, mit der sich Hausfrauen und Mütter der Mittelschicht nicht identifizieren konnten. Konsequent thematisierten die Republikaner ihre Extravaganz, um John F. Kennedy als bürgerfeindlich zu brandmarken. Zusätzlich versuchte Richard Nixon den Womanizer Kennedy als treuer Familienvater auszustechen. Doch das mißlang. Jackie stellte sich auf Wahlkampfreisen neben ihren Mann und schwärmte in Interviews vom fürsorglichen Vater und treu liebenden Ehemann. Sie hatte Erfolg und zog viele in ihren Bann. Sie selbst sagte über ihre Rolle als Wahlkampfhelferin 1960: »Jeder weiß, daß sich ein Wahlkampf lohnt. Ich habe jede Ecke in diesem Land gesehen und jede Art von Menschen, die hier leben; aber es ist die aufreibendste Sache der Welt. Ich war auf dieses Leben nicht vorbereitet.«

Umsichtige Wahlkampfberater hatten ihr bei diesen Auftritten schlichte Kleider abverlangt. Sie gehorchte und griff offen Patricia Nixon an: Sie kleide sich luxuriöser, ihre eigenen Kleider seien preiswerter. Um als First Lady ins Weiße Haus einzuziehen, folgte Jackie dem Motto: Frage nicht, was dein Land für dich tun kann, sondern trage, was dein Land von dir verlangt. Sie wird die nächsten Jahre kein französisches Label mehr kaufen.

Daß die Pflichten der Mutter und die der Ehefrau des zukünftigen amerikanischen Präsidenten nicht immer zu vereinbaren waren, liegt auf der Hand: »Ein großes Problem in meinem Leben waren die Wahlkampfreisen mit Jack, die mich von zu Hause fortführten. Wenn Jack sich als der größte Präsident des Jahrhunderts herausstellt und meine Kinder sich als schlecht erweisen, wäre das eine Tragödie.« (Jackie Kennedy, 9. November 1960, ›Toronto Star‹)

Ein Wahlkampftag startete früh am Morgen mit mehreren »Kennedy Coffees« an verschiedenen Orten. Es folgten Auftritte in Supermärkten und Kleinstädten, dann ein Mittagessen mit Ansprachen in Clubs oder Vereinen sowie Besuche von Bürgermeistern bzw. Lokalpolitikern nebst Familien. John F. Kennedy war inzwischen so bekannt, daß ihn überall Menschenmassen erwarteten. Seine Anhänger bedrängten ihn lautstark, Frauen kreischten hysterisch bei seinem Anblick. Jackie ängstigten die Fans, die Hoteleingänge belagerten, sich gegen ihre Wagentür warfen und ihr entgegenstürmten. Sie fühlte sich vereinnahmt und war auf dieses immense Interesse an ihrer Person nicht vorbereitet. Vergeblich versuchte sie, ihr Privatleben zu schützen. Fotoreporter warteten immer schon, an jedem Ort, zu jeder Tages- und Nachtzeit.

Am Nachmittag organisierten Jackie und Johns Schwestern die »Kennedy Teas«. Stets anwesend: Journalisten, Kamerateams, Wahlkampfhelfer, Berater und Parteifreunde. Auch die Sponsoren wollten ihren Spitzenkandidaten mit Frau erleben. Unbeobachtete Momente existierten nicht mehr. Spät abends rundeten mehrere Dinnertermine mit Ansprachen den Tagesstreß ab. Das Team reiste im Bus oder eigenem Flugzeug. Letzteres garantierte einen zeitlichen Vorsprung vor dem Konkurrenten Nixon. Mit Joe Kennedys Geld war sogar Zeit zu kaufen.

Im Sommer 1960 bot Jackies vierte Schwangerschaft eine willkommene Gelegenheit, aus dem aktiven Wahlkampf auszusteigen. Sie gab noch einige Interviews, erlaubte Fototermine. Und sie beteiligte sich an vier Pressekonferenzen des Frauenkomitees »Women's Committee for New Frontiers«. Hier diskutierte sie frauenspezifische Themen: Menschenrechte, Erziehungsfragen, Gesundheitswesen. Auf den Konvent am 13. Juli fuhr sie nicht; Jackie sah im Fernsehen, wie die Demokraten John F. Kennedy zum Präsidentschaftskandidaten kürten.

Zu Hause schrieb Jackie jetzt die wöchentliche Kolumne »Campaign Wife«, die die Demokraten im ›Campaign Newsletter‹ veröffentlichten und an Tageszeitungen weiterleiteten. In diesen Artikeln forderte sie höhere Gehälter für Lehrer, kleinere Schulklassen und eine bessere Ausbildung für die Jugend. Zwei Tage vor dem Attentat von Dallas betonte John F. Kennedy auf einer Pressekonferenz, die Politik müsse die Erziehung der Kinder und die Schulausbildung stärken. 1965 setzten die Demokraten eine Schulreform durch. Jackie trat außerdem – wie ihre Nachfolgerin Hillary Clinton – für eine Gesundheitsreform ein: »Medicare«. Das Projekt wird unter

Johnson gesetzlich verankert und existiert noch heute – allerdings stark reformbedürftig.

Einen letzten Wahlkampfhöhepunkt markierte Jackies Auftritt im offenen Wagen neben John während der Broadway-Parade: »Kennedy for President«, »Leadership for the 60's«. Die Vorwahlen in New York waren im Oktober 1960 gewonnen. Hochschwanger, aber strahlend winkte sie den New Yorkern zu. Dieses Mal wirkten die Massen nicht bedrohlich.

Wahlkampf an der Seite John F. Kennedys in den Straßen von New York

Die Demokraten errangen 1960 den Sieg mit lediglich 118 574 Stimmen Vorsprung vor den Republikanern. In Amerika lebten damals rund 180 Millionen Einwohner. Die Wahlbeteiligung war mit 62,8 Prozent für amerikanische Verhältnisse gut. Doch in elf der 50 Bundesstaaten wurde den Demokraten Wahlbetrug vorgeworfen. Untersuchungen blieben ergebnislos. Richard Nixon verlangte lediglich deshalb keine Kontrolle der Stimmzettelauszählung, weil er den Ruf des schlechten Verlierers fürchtete – eine Haltung, die seinen Nachfolger Al Gore 2000 nicht ängstigte. Beweise für gekaufte Stimmen, Mafiagelder und gefälschte Wahlzettel hielt die John F. Kennedy Library Jahrzehnte unter Verschluß.

Drogen und Medikamente

Der Druck, stets präsent zu sein, immer gut auszusehen, unermüdlich zu lächeln und unvorhergesehene Fragen charmant zu beantworten, war stark und überforderte Jackie wie John F. Kennedy. Während sie vorrangig psychisch litt, kamen bei ihm die chronischen Rückenschmerzen hinzu. Er nahm regelmäßig Schmerztabletten. Spätestens ab dem Wahlkampf 1960 ließen sich beide von dem New Yorker Prominentenarzt Dr. Max Jacobson – in der Szene »Dr. Feelgood« genannt – Aufbauspritzen geben. Den Kontakt hatte Johns alter Freund Charles Spalding hergestellt, der den Arzt durch Stanislas Radzivill kannte. Jackies Schwager überquerte für einen Kick schon einmal den Atlantik. Der besorgte Robert Kennedy ließ den Spritzeninhalt im Chemielabor untersuchen: Amphetamine und Steroide. Amphetamine sind stimulierende Kreislaufmittel, die aufputschen und bei Mißbrauch psychisch wie physisch abhängig machen. Sie schwächen wie alle Drogen das Immunsystem und können diverse Langzeitschäden auslösen. Steroide sind Hormone, die den Organismus stärken sollen.

Jackie ließ sich diese Spritzen im Mai 1961 wieder geben, als sie sich von der Geburt des kleinen John erholen mußte; sie litt unter Migräne und Depressionen. Im Frühsommer 1961 nahmen die Kennedys Dr. Jacobson mit nach Paris, Wien und London; sie sollen beide zu dieser Zeit süchtig gewesen sein. Wie drogenabhängig Jackie tatsächlich war, muß offen bleiben. 1964 ließ sie Dr. Jacobson nach Washington kommen und nahm während der Trauerphase abwechselnd Amphetamine und Valium. Zeitweilig trank sie nach dem Attentat stark. Auch während ihrer Ehe mit Onassis ist ein Drogenkonsum anzunehmen. Der Kontakt zu Dr. Jacobson bestand gesichert bis 1975.

Im Weißen Haus

Schon die Gala vor der Inauguration am 19. Januar 1961 signalisierte Glamour. Frank Sinatra und Kennedy-Schwager Peter Lawford nebst Frau Patricia organisierten den Ball im Armory Hotel. Eingeladen waren Leonard Bernstein, Ella Fitzgerald, Nat »King« Cole, Harry Belafonte und unzählige Sponsoren. Frank Sinatra sang eine Parodie auf seinen Song ›That Old Black Magic‹ und bezog den Text auf »Jack«. Das Fest dauerte bis in die Morgenstunden; Jackie verließ den Ball früh. Seit der Geburt ihres Sohnes waren erst knapp zwei Monate vergangen. Sie fühlte sich erschöpft.

Die Amtseinführung des 35. Präsidenten der Vereinigten Staaten erlebte die junge First Lady am nächsten Morgen gemeinsam mit der Familie im Kapitol. In seiner Rede zur Amtseinführung appellierte John F. Kennedy an das Bewußtsein für Zusammengehörigkeit: »Und daher, meine amerikanischen Mitbürger: Fragt nicht, was Euer Land für Euch tun kann – fragt, was Ihr für Euer Land tun könnt. Meine lieben Weltbürger: Fragt nicht, was Amerika für Euch tun wird, sondern was wir zusammen für den Frieden der Menschheit tun können.«

Im Anschluß an die Feierlichkeiten lud Schwiegervater Joe ins Hotel Mayflower zum Lunch: Kennedys, Bouviers und Auchincloss' feierten den Sieg. Es folgte die Parade zum Weißen Haus; sie dauerte Stunden. John F. Kennedy genoß den Siegeszug zu seinem Amts- und Wohnsitz, doch Jackie floh schon bald aus der Januarkälte. Oleg Cassini hatte ihr einen Wollmantel mit zierlichem Zobelkragen geschneidert, um sie von den matronenhaften Politikerfrauen in ihren schweren Pelz-

Auf dem Weg zur Vereidigung

mänteln abzusetzen. Der kurze Mantel betonte ihre Jugend, wärmte aber kaum. Die First Lady lächelte tapfer auf ihrem eisigen Weg ins Weiße Haus.

Der Einzug

Im Alter von elf Jahren hatte Jacqueline Bouvier das Weiße Haus Ostern 1941 mit ihrer Mutter und Schwester besichtigt. Sie fand es öde; nichts erinnerte das Mädchen an all die Präsidenten, die darin gelebt hatten. Geschichte war für sie hier nicht greifbar. 1961 wurde Jackie Kennedy plötzlich Hausherrin, und sie machte aus dem Haus, das jahrzehntelang der mehr oder weniger schlicht eingerichtete Dienstsitz des jeweiligen Präsidenten gewesen war, ein repräsentatives Zentrum der Macht.

Mit ihr zog nicht nur ein neuer Stil, sondern auch ein neuer Ton ein: Jackies Flüsterstimme löste Mamie Eisenhowers Kommandos ab; doch diese First Lady erwartete prompte Reaktionen. Sie bestand auf Pünktlichkeit und Perfektionismus; sie selbst dagegen bevorzugte eine flexible Spontaneität. So frühstückte Jackie im Bett. Nach Abendgesellschaften konnte das schon einmal mittags sein. Das Personal mußte sich rund um die Uhr zur Verfügung halten. Auf Widerstand stießen alle, die sie drängen wollten. Das hatte schon Schwiegermutter Rose lernen müssen.

Ihr Lebensstil forderte von den langjährigen Angestellten im Weißen Haus Anpassung. Jackies Mädchen, Providencia Parédes, war das gewohnt und stand ihrer Arbeitgeberin noch nachts zum Ausziehen der Roben zur Verfügung. Letitia Baldridge, Jackies Kommilitonin aus Vassar und jetzige Privatsekretärin, hatte es mit ihr ebenfalls nicht leicht. Sie organisierte Einladungen, Feste und Jackies Terminkalender. Doch ihr Hang, die First Lady zu Protokollpflichten zu mahnen, führte zu Konflikten. Letitia Baldridge wurde schon bald durch die Schulfreundin Nancy Tuckerman ersetzt; sie plante einfühlsamer. Zum Team der First Lady gehörte ferner die Pressesprecherin Pamela Turnure, eine Geliebte John F. Kennedys aus den Jahren 1958/59.

Noch im Winter 1961 stellte Jackie einen französischen Koch ein: René Verdon aus einem New Yorker Gourmetrestaurant. Er kochte für die Staatsbankette, aber auch für Familiendinners

John F. Kennedy
im Oval Office
mit seinen beiden
Kindern

und bereitete mittags die geliebten Hamburger für Jackie und
die Kinder. Dazu kam Ferdinand Louvat, ein Pâtissier. Die
hauseigenen Köche entließ sie; dies verursachte Ärger und
Schlagzeilen. Da auf Regierungskosten nur Amerikaner ein-
gestellt werden durften, bezahlte John F. Kennedy den Koch
schließlich privat. Ebenso finanzierte er die Löcher im offiziell
gebilligten Haushaltsetat und predigte erfolglos Sparsamkeit,
denn Jackie reagierte auf den Freiheitsdrang ihres Mannes mit
Shoppingtouren nach New York.

Die Renovierung

Jackie Kennedy hatte bereits vor ihrem Einzug von J. B. West,
dem Generalmanager des Hauses, Fotos der Innenräume er-
beten und Änderungen anhand von Plänen durchgespielt. Sie
las sich in die Geschichte des Hauses ein. Das Grundstück legte
George Washington, der erste Präsident der Vereinigten Staaten, noch im 18. Jahrhundert fest. Doch erst der zweite Präsident, John Adams, zog im November 1800 ein. Architekt war
ein gebürtiger Ire: James Hoban. Er begann den Bau am 13. Oktober 1792. Kaum war es fertiggestellt, brannten die Engländer
das Haus 1812 im Krieg nieder. Die Amerikaner strichen die ver-

rußten Steine weiß – geboren war das »White House«. 1948 ließ Harry Truman die 132 baufälligen Räume komplett renovieren und den Truman-Balkon im Obergeschoß an den Yellow Oval Room anbauen. Die Kosten beliefen sich auf knapp 6 Millionen Dollar. Truman erntete massive Kritik.

Ab Januar 1961 suchte Jackie für die Neugestaltung der Innenräume Möbel aus der Entstehungsphase des Gebäudes. Keller und Lagerräume wurden nach historischen Stücken durchforstet: Sie stöberte Roosevelts Schreibtisch auf und ließ ihn für den Präsidenten restaurieren. Lincolns Bett erhielt einen Ehrenplatz. Aus der Zeit Präsident Monroes fanden sich zwei Bellangé-Stühle. Das Weiße Haus sollte wieder so aussehen, wie Föderalist John Adams es um 1800 bewohnt hatte. Das besagte zumindest der Plan; tatsächlich mixte Jackie verschiedenste Stile und erklärte das Potpourri damit, die einzelnen Präsidenten repräsentieren zu wollen.

Zunächst aber mußten Mamie Eisenhowers biedere Möbel und ihre Lieblingsfarbe Pink weichen. Die neue Einrichtung sollte sich klar von der Ära Eisenhower abgrenzen und die Kennedy-Epoche in die Geschichte Nordamerikas einbinden – ein symbolträchtiges Vorhaben. Jackie begann die Restaurierung mit Innenarchitektin Helen Parish. Dann spannte sie Ausstatter Stéphane Boudin ein, dessen Arbeiten für das Grand Trianon in Versailles und Schloß Malmaison sie beeindruckt hatten.

Breites Interesse finden Jackie und ihre Renovierung des Weißen Hauses

52

Boudin schockte die Nation, indem er sich über Traditionen hinwegsetzte und z. B. den Blauen Raum weiß streichen ließ. Dies verursachte eine turbulente Pressekonferenz. Henry Francis du Pont, eine Kapazität auf dem Sektor antiker Möbel, wurde Vorsitzender des »Fine Arts Committee«. Er garantierte Authentizität. Zwangsläufig mußte es zu Auseinandersetzungen zwischen du Pont und Boudin kommen. In allen Zweifelsfällen setzte sich die First Lady durch.

Jackie schuf einen weiß-goldenen Traum und richtete ihn wahlweise im Stil Ludwigs XVI. oder im Empirestil ein. Sparsam verteiltes Königsblau setzte Akzente. Nicht folgenlos hatte sie als Neunzehnjährige Versailles besichtigt. John F. Kennedy protestierte gegen die unamerikanische Einrichtung; er fürchtete massive Kritik von Volk wie Presse. Dennoch stattete Jackie das Gelbe Zimmer im Stil des französischen 18. Jahrhunderts mit Seidendraperien aus. Zukünftig empfing der Präsident von Amerika – ein Demokrat – Regierungsgäste in feudalherrschaftlichem Ambiente.

In dieser historischen Kulisse inszenierte Jackie nun eine private Atmosphäre: Gedämpftes Licht, natürlich arrangierte Wiesenblumen, brennende Kamine und ausgesuchte persönliche Gegenstände sollten andeuten, daß das Weiße Haus ein Repräsentationsort, zugleich aber der Wohnsitz einer jungen Familie war. Sie hatte den Amtssitz kompromißlos ihrem Stilempfinden unterstellt.

»Jacqueline Kennedy hat mehr Veränderungen im Weißen Haus vorgenommen als jede andere Frau in seinen 143 Jahren. Das allein gibt ihr das Recht zumindest auf eine Fußnote in der Geschichte. Ihr Stil und Einfluß könnten ihr leicht einige bemerkenswerte Absätze im Haupttext der Geschichte garantieren«, hieß es im Januar 1962 in der ›Newsweek‹.

Im zweiten Stockwerk entstanden sieben Privaträume, auch ein kleines Eßzimmer und eine zweite Küche. Der offizielle Speisesaal wirkte für Jackies Geschmack zu formell, und die Gerichte aus der unteren Küche kamen kalt auf ihren Tisch. Oben kochte Verdon für die Familie und intime Dinners mit Freunden. Die Kennedys wollten ihren altvertrauten Washingtoner Kreis aufrechterhalten. Häufige Gäste waren Johns Studienfreund LeMoyne (»Lem«) Billings, Journalist und Vertrauter Charles Bartlett, Chefredakteur und früherer Nachbar aus Georgetown Benjamin Bradlee und Botschafter Lord Harlech alias David Ormsby-Gore nebst Ehefrauen. Sie sahen sich nach einem Essen im Kinoraum gern Filme an.

Die Neugestaltung des Weißen Hauses mußte privat finanziert werden; Steuergelder konnten für eine Verschönerung nicht verschwendet werden. So bat Jackie die Nation um Spenden. »Unter Händlern hat Mrs. Kennedy den Ruf eines ›schrecklichen Geizkragens‹ hinsichtlich des Geldes vom Weißen Haus gewonnen. ›Sie fragt nie, was etwas kostet, wenn es für sie bestimmt ist‹, sagt ein Washingtoner Händler. ›Sie traut uns, sie hat seit Jahren Geschäfte mit uns gemacht. Aber wenn es für das Weiße Haus ist, sagt sie mit trauriger, leiser Stimme: Es wird doch nicht zuviel kosten, oder? Wir haben nicht sehr viel Geld‹«, zitierte ›Newsweek‹ im September 1962.

Angeblich wurden dem Weißen Haus in John F. Kennedys Amtszeit 240 Möbelstücke, Gemälde und Antiquitäten zur Verfügung gestellt. Aber Jackie nutzte auch die Museen; sie lieh Möbel und Kunstgegenstände. Um zusätzlich Geld einzunehmen, initiierte sie ein Buch über das Weiße Haus und seine Geschichte. John Walker, Direktor der National Gallery, half ihr, und die Kuratorin Lorraine Pearce schrieb den Text. Jackie verfaßte das Vorwort und wählte die Abbildungen aus. Schließlich konnte die neu gegründete »White House Historical Association« das Buch publizieren; es wurde rasch zum Bestseller.

Trotz aller finanziellen Hilfen gestaltete sich die Renovierung so aufwendig, daß sie im November 1963 noch nicht abgeschlossen war. Sie soll 2 Millionen Dollar verschlungen haben.

Feste und Gäste

Jackie Kennedy genoß den kulturellen Aspekt des politischen Lebens. Sie schätzte die Feiern mit interessanten Persönlichkeiten, Künstlern, Schriftstellern oder aristokratischen Herrschern und inszenierte sie aufwendig. Die politischen Freunde ihres Mannes langweilten sie. Lyndon und Lady »Bird« Johnson beklagten, daß sie nicht zum Freundeskreis des Präsidentenpaares zählten.

Das Weiße Haus wurde zum Treffpunkt der Gesellschaft. Am 29. April 1962 gaben die Kennedys beispielsweise einen Empfang für 49 Nobelpreisträger. Die Idee stammte von Jackie.

John F. Kennedy sagte bei der Begrüßung: »Ich denke, dies ist die außergewöhnlichste Sammlung an Talent und menschlichem Wissen, die je im Weißen Haus zusammengekommen ist, außer vielleicht wenn Thomas Jefferson allein zu Abend aß.« Der maßgebliche Verfasser der Unabhängigkeitserklärung von 1776 und dritte Präsident (1801–1809) Jefferson gilt als Vertreter der Aufklärung. Er lebte als Witwer im Weißen Haus und bevorzugte – wie Jackie Kennedy – die französische Küche.

Hier plauderten André Malraux, Arthur Miller, Thornton Wilder und Tennessee Williams mit Politikern oder Diplomaten. Leonard Bernstein, Igor Stravinsky, aber auch Filmstars wie Greta Garbo standen auf der Gästeliste. Schauspieler wurden für Lesungen eingeladen. Eine Aufbruchstimmung verdrängte die Wirtschaftsdepression und kreative Flaute der Eisenhower-Ära. Jackie machte Washington zur kulturellen und geistigen Hauptstadt.

Die sechziger Jahre begannen. Im Weißen Haus servierte das Personal plötzlich Cocktails vor dem Essen. Kein Butler kündigte die Gäste mehr formell an; die Feiern gestalteten sich zwanglos. Jackie brach mit der Tradition der langen Tafel und gruppierte je zehn Gäste an einen runden Tisch – bis zu 150 Plätze bot der Bankettsaal, in dem Richard Nixon und Jimmy Carter später Gottesdienste abhalten lassen sollten. Nach dem Essen spielte ein zwölfköpfiges Orchester für Kennedys Gäste zum Tanz. Man amüsierte sich im Weißen Haus.

Am 11. Juli 1961 organisierte die First Lady ein spektakuläres Staatsdinner für den pakistanischen Präsidenten Mohammed Ayub Khan. Auf dem Rasen von Mount Vernon, dem Familiensitz Washingtons, ließ sie Zelte, Tische und Stühle zum Candlelight-Dinner aufbauen. Speisen und Getränke kamen in Militärfeldküchen aus Washington. Später am Abend spielte das staatliche Symphonieorchester unter dem Sternenhimmel. Derlei Luxus geriet in die Schußlinie öffentlicher Kritik; viele Amerikaner protestierten gegen die Geldverschwendung und wieder einmal gegen den unamerikanischen Stil Jackie Kennedys.

Ein weiterer Höhepunkt ihrer Aktivitäten war im November 1961 das Konzert des Cellisten Pablo Casals. Es fand zu Ehren des puertoricanischen Gouverneurs Muñoz Marín statt. Benny Goodman und Louis Armstrong spielten wenig später ebenfalls für den Präsidenten. Ballett, Kammermusik, Opern oder Shakespeare-Dramen gehörten zur Unterhaltung nach den Banketten. Jackie wollte die Kultur unterstützen und mit den Festen im Weißen Haus ein Vorbild prägen. Daß sie sich dabei an europäischen Königen orientierte, machte sie angreifbar. Jackie war keine First Lady für das Volk. Nur selten bat sie die Bürger ins Weiße Haus wie am 19. November 1962, als sie eine fünfteilige Konzertreihe für Teenager startete. Doch die Entwicklung amerikanischer Kulturpolitik zeigt im nachhinein ihre Wirkung: John F. Kennedy setzte Richard Goodwin als ersten Assistenten für kulturelle Angelegenheiten ein. Präsident Johnson gründete die Nationale Stiftung für Kultur. Von da an übernahm Washington die Förderung von Kunst und Kultur. John-F.-Kennedy-Gedächtnisstätten sind heute Beispiele für Jackies Kunst- und Kulturengagement.

Die Kennedys auf Staatsreisen

Die erste Staatsreise führte Mitte Mai 1961 nach Kanada, einem wichtigen Wirtschaftspartner. In Ottawa erwies sich Jackie Kennedy erstmalig als bedeutsame politische Hilfe. Senatssprecher Mark Drouin schwärmte im Parlament von der First Lady:»Ihr Charme, ihre Schönheit, Lebendigkeit und ihr brillanter Verstand haben uns die Herzen erobert.« Mit diesem Erfolg wuchs Jackies Selbstbewußtsein. Sie erkannte ihren Wert als Frau des Präsidenten und erfuhr mit jedem öffentlichen Auftritt mehr Respekt von ihrem Mann. John F. Kennedy entdeckte eine neue Jackie und interessierte sich wieder verstärkt für sie.

Am 31. Mai 1961 reiste das Paar nach Paris; die Franzosen reagierten enthusiastisch auf die 31 Jahre junge First Lady. Ein am Vorabend ausgestrahltes Fernsehinterview mit Jackie auf Französisch hatte die Pariser optimal auf den Besuch eingestimmt.»Man sagt, der Erfolg in jedem Milieu erfordere, daß sich die richtige Person zur rechten Zeit am richtigen Ort befände. Jackie war die Frau, Paris war der Ort und das Frühjahr war die Zeit. Sie war in der Tat ein succès fou. Jack war begeistert. Er war begeistert von ihr und freute sich über ihren Erfolg«, schrieb Rose Kennedy in ihren Erinnerungen ›Alles hat seine Stunde‹.

Während Jackie das Damenprogramm absolvierte und ein Kinderkrankenhaus besuchte, stürmten Pariser die Polizei-

Mit dem französischen Kultusminister André Malraux unter der geliehenen ›Mona Lisa‹ in der National Gallery of Art, Washington, 1962

sperren für einen Blick auf die so französisch anmutende Amerikanerin. Eine Modenschau sagte sie mit Rücksicht auf die Presse in Washington und New York ab; ihr Parisbesuch durfte keinesfalls mondän wirken. Das Thema »Jakkies neue Kleider« barg viel politischen Sprengstoff.

Ein Bankett mit Ballettvorführung im Versailler Spiegelsaal am 1. Juni verlief erfolgreich für die Ehrengäste. Hier trug Jackie Kennedy das einzige Mal als First Lady ein Pariser Couturierkleid – ein stummes Kompliment an die Gastgeber, das verstanden wurde. Sie parlierte mit Charles de Gaulle Französisch, und er lockerte nach dieser Begegnung seine starre Haltung gegenüber Amerika. Jackies Charme besaß Diplomatenqualität. General Charles de Gaulle war seit Dezember 1958 Präsident von Frankreich. Er bevorzugte einen patriarchalischen Regierungsstil, peilte ein »Europa der Vaterländer« an, distanzierte sein Land zunächst von den USA und baute auf eine eigene Atomstreitmacht. Doch abseits der Politik war er sprichwörtlicher Franzose genug, um eine Frau wie Jackie Kennedy offen zu bewundern. »Sie spielte das Spiel sehr intelligent. Ohne sich in die Politik einzumischen, gab sie ihrem Mann das Prestige eines Mäzens«, bemerkte de Gaulle über seinen Gast.

Der französische Kultusminister und Schriftsteller André Malraux führte Jackie am nächsten Tag durch den Louvre, zeigte ihr Schloß Malmaison und Notre-Dame. Dieser Kontakt ermöglichte später die Ausstellung der ›Mona Lisa‹ in den USA. Malraux wird ihr das Gemälde mit den Worten schikken: »Nicht offiziell für die amerikanische Regierung, sondern persönlich für Jackie Kennedy.« Am 11. Mai 1963 ist Malraux Ehrengast im Weißen Haus und sitzt mit Arthur Miller neben der First Lady. Miller erlebte den Abend als Sprachgewitter des französischen Kollegen: »Malraux erging sich in einem leidenschaftlichen französischen Redeschwall. Er sprach in einer solchen Geschwindigkeit, daß er damit das Begriffsvermögen der Gattin des Präsidenten oft und meines die ganze Zeit überforderte.«

Zurück zur Parisreise des Jahres 1961: Nach drei Tagen fuhren die Kennedys weiter nach Wien zum Treffen mit Nikita Chruschtschow. Auch er war von Jackies Liebreiz angezogen, aber das russische Staatsoberhaupt hatte die Invasion in Kubas Schweinebucht sechs Wochen zuvor nicht vergessen. Und so verhielt er sich dem Präsidenten gegenüber kühl. Beim Staatsbankett und einer neuerlichen Ballettaufführung in Schloß Schönbrunn plauderte er angeregt mit Jackie: »Sie konnte scherzen und besaß, wie wir sagen, eine spitze Zunge.« Von Fotografen gefragt, ob er John F. Kennedy für ein Foto die Hand gäbe, antwortete er, er reiche lieber Jackie eine Hand. Sprach es und tat es.

Die Verhandlungen mit Kennedy stärkten Chruschtschow; zwei Monate später, am 13. August 1961, begann der Mauerbau in Berlin. Die russischen Mittelstreckenraketen auf Kuba mußten im Oktober 1962 zwar abgezogen werden, doch Chruschtschow zwang Kennedy, seine 15 mit Atomsprengköpfen ausgerüsteten Jupiter-Raketen aus der Türkei abzuziehen. Sie waren am Schwarzen Meer auf die UdSSR gerichtet. Diesen russischen Erfolg in der Kuba-Krise gab Washington nie zu. Statt dessen erklärte Kennedy im Herbst 1962: »Die Waffen des

Krieges müssen abgeschafft werden, bevor sie uns abschaffen.« Zeitgleich schickte er Soldaten nach Südvietnam.

Der Staatsbesuch in Europa festigte Jackies Position in Amerika und brachte ihre Kritiker angesichts internationaler Bewunderung zum Schweigen. Gleichzeitig erkannten John F. Kennedy und seine Berater das politische Potential dieser unpolitischen Frau. Sie nutzten ihre natürliche Gabe zur Repräsentation und setzten auf ihre Anziehungskraft. Im Dezember 1961 waren wieder einmal Jackies Sprachkenntnisse ge-

Neben Nikita Chruschtschow beim Ballett in Wien, 3. Juni 1961

fragt. In Venezuela jubelte die Menge der spanisch sprechenden First Lady zu, auch wenn sie Kennedys Politik ablehnte. In Mexiko begeisterte Jackie im Juni 1962 das Volk mit einer spanischen Fernsehansprache. So entschärfte sie brisante Staatsbesuche und lenkte die Journalisten mit einem schönen Bild ab.

1962 fanden nur kurze Staatsreisen des Präsidentenpaares statt. Meist gingen beide getrennte Wege. Anfang des Jahres hatte Oleg Cassini für Jackie und Lee indisch inspirierte Kleider entworfen: Die Schwestern flogen mit 62 Gepäckstücken und 23 Sicherheitsbeamten nach Indien und Pakistan. Bei ihrer Landung in Delhi holte sie Premier- und Außenminister Jawaharlal Nehru am Flughafen ab. Im November 1961 hatte Nehru mit seiner Tochter Indira Gandhi die USA besucht. Er sah im Kalten Krieg eine internationale Bedrohung; er träumte von einer Kontinente übergreifenden Völkerverständigung und setzte auf die blockfreien Nationen. Die USA waren für ihn daher ebenso Gesprächs- und Geschäftspartner wie die UdSSR. 1960 und 1962 lieferte Chruschtschow Waffen nach Delhi. Der Indienbesuch Jackie Kennedys mit ihrer Schwester Lee war halb privat, halb offiziell. John F. Kennedy erhoffte sich nützliche Informationen von ihrer Begegnung mit Regierungsvertretern.

Durch das Land begleitete sie der amerikanische Botschafter John Kenneth Galbraith, der nur wenige Monate später in Amerikas Interesse Nehru davon abbringen sollte, Düsenjäger vom Typ MIG-21 von den Sowjets zu kaufen.

Auch wenn Jackie und Lee Asien scheinbar privat bereisten, wurden ihnen zu Ehren doch Staatsbankette abgehalten. Die Reise festigte die diplomatischen Beziehungen zwischen West und Ost. Der Journalist Benjamin Bradlee schildert in seinen Erinnerungen ein persönliches Gespräch mit John F. Kennedy, in dem der Präsident betonte, Jackie habe die Kommunikation mit Indien entscheidend verbessert. Wäre er selbst gefahren, hätte er mit Nehru über Kaschmir und Goa gesprochen. China meldete 1962 Ansprüche an Nordostkaschmir an. Goa war erst ein Jahr zuvor mit Waffengewalt der Indischen Union angegliedert worden. Eine Konfrontation der beiden Staatsmänner wäre unvermeidbar gewesen.

Seine letzte große Staatsreise unternahm John F. Kennedy ohne Jackie: Im Juni 1963 reiste er mit seinen Schwestern Eunice und Jean nach Berlin. Lee Radzivill verließ für den Staatsbesuch Aristoteles Onassis' Jacht und begleitete den Schwager. Die Deutschen hatten zwei Jahre zuvor betrübt registriert, daß Kennedy sie während des Mauerbaus nicht unterstützte. Doch jetzt lag die Kuba-Krise hinter ihm, Fidel Castro regierte noch immer die Insel, und Kennedy wollte das Ende des Kalten Krieges. Deutschland mußte sein Verbündeter werden. Mit dem Regierenden Bürgermeister Willy Brandt und Bundeskanzler Konrad Adenauer fuhr er durch eine begeistert winkende Menschenmasse. Aber der siebenundachtzigjährige Adenauer fand mit dem burschikosen Amerikaner keine gemeinsame Sprache. Fehlte die wortgewandte First Lady? Jackie war, im sechsten Monat schwanger, in Washington geblieben.

Jackies Selbstverständnis

Jackie lehnte die Anrede »First Lady« ab; sie wollte »Mrs. Kennedy« bleiben. Briefkürzel: JBK. Sie weigerte sich beharrlich, Protokoll wie Verpflichtungen bedingungslos nachzukommen und sich der neuen Rolle unterzuordnen. An offiziellen Terminen in Washington nahm sie so selten wie möglich teil. Sie erschien, wenn internationale Staatsmänner ihre Frauen mitbrachten. Viel lieber zog sie sich mit Dekorationsplänen zurück, ging im Park des Weißen Hauses spazieren, spielte mit den Kindern und schickte Lady »Bird« Johnson oder die Kennedy-Schwestern zum Damenprogramm.

Jackie verstand sich als Privatperson, als Ehefrau, nicht als politische Partnerin. Das war durchaus in Johns Sinn; er sah in Frauen hübsche Begleitungen und Sexobjekte. Arbeitsteilung bedeutete daher in der Kennedy-Ehe: John ging auf Stimmenfang, Jackie richtete das Haus ein und organisierte den Party-

Die Mutter »Mrs. Kennedy«, 1962

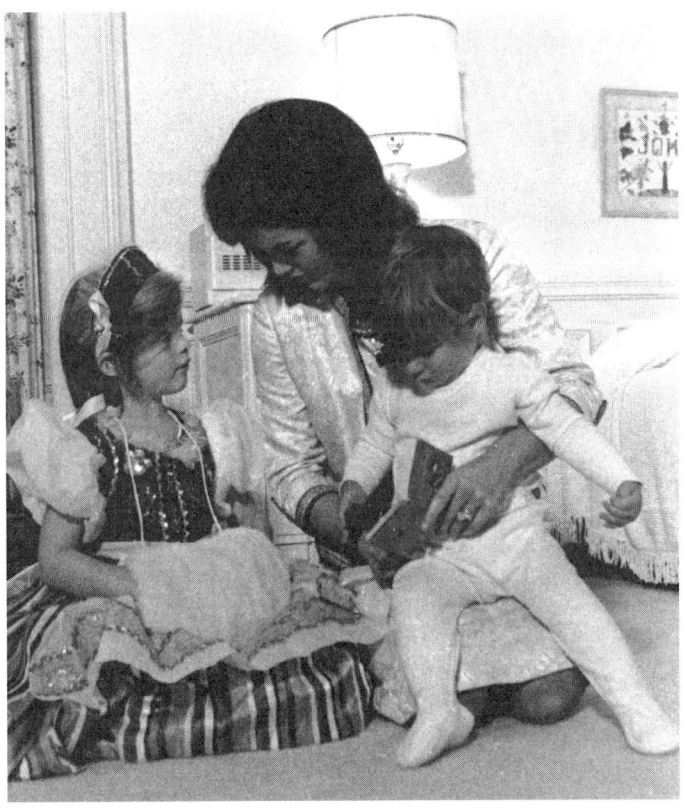

service. Als First Lady unterstützte sie seine direkte Arbeit weit weniger als in den Jahren zuvor.

Und dennoch setzte sie Zeichen, wie Präsident Bill Clinton in seinem Nachruf auf Jackie betonte: »Sie verabscheute Diskriminierung jeglicher Art. Und durch kleine, stille Gesten weckte sie das Gewissen der Nation. Sie war die erste First Lady, die einem geistig Behinderten hier im Weißen Haus Arbeit gab. Und sie sorgte zum erstenmal dafür, daß Kinder von Minderheiten im Kindergarten des Weißen Hauses willkommen waren.«

Immer öfter reiste Jackie privat. Im Januar 1963 erklärte sie ihrer Privatsekretärin Nancy Tuckerman in einer Aktennotiz: »Ich ziehe mich zurück. Ich bin lange genug First Lady gewesen, und jetzt werde ich mich mehr um meine Kinder kümmern. Ich möchte, daß Sie alle Aktivitäten draußen absagen – ob es ein Glas Sherry mit einem Dichter oder ein Kaffee mit einem König ist. Keine Einweihungen von Kunstgalerien mehr – kein Nichts – außer unbedingt notwendig.« Jackie floh vor Protokoll und Pflichten auf den Landsitz Glen Ora in Virginia zum Reiten, verbrachte die Sommer mit den Kindern in Hyannis Port oder auf der nahegelegenen Squaw Island und lag im Winter in der Sonne von Palm Beach. Gelegentlich fuhr sie nach New York – einkaufen, Freunde und Verwandte treffen, den neuesten Klatsch hören, Theater oder Ausstellungen besuchen. Ein Begleiter war Maurice Tempelsman. Sie bewohnte das Kennedy-Appartement im Carlyle Hotel, das noch heute das Versailles von Manhattan genannt wird. Im September 1962 nahm Jackie mit Leonard Bernstein an der Eröffnung der New Yorker Philharmonie teil, dem ersten Gebäude des Lincoln Centers. Dann übernahm Rose Kennedy die Pflichten der Gastgeberin im Weißen Haus. Sie kam am liebsten nach Washington, wenn ihre Schwiegertochter nicht anwesend war.

Im August 1962 fuhr Jackie vier Wochen mit ihrer Tochter Caroline in eine von Lee und Stanislas Radzivill gemietete Villa bei Positano. Vier Tage zuvor hatte Marilyn Monroe Selbstmord begangen. Jackie traf an der italienischen Küste Gianni Agnelli wieder, den sie 1955 flüchtig an Bord der »Christina« kennengelernt hatte. Die Boulevardzeitungen brachten Fotos mit Jakkie auf der Jacht des Fiat-Vorsitzenden. John reagierte prompt; er schickte das berühmte Telegramm: »Etwas mehr Caroline und weniger Agnelli«, aber Jackie schien den Flirt in der Öffentlichkeit zu genießen. Die Presse freute sich über den Skandal, und der ›Spiegel‹ berichtete am 20. August 1962 über »Strohwitwer« John F. Kennedy, der allein in Santa Monica bei Peter Lawford baden ging. Die Information jedoch, daß gerade dieser Schwager für John gern weibliche Begleitung organisierte, wurde den deutschen Lesern vorenthalten. Agnelli wird viele Jahre später loyal zu den Kennedys stehen und 100 000 Dollar für die John F. Kennedy Library spenden.

Am 12. September 1963 jährte sich der Hochzeitstag zum zehnten Mal. Jackie plante als Geschenk für John drei Fotobücher und investierte viel Zeit in das Projekt: ›The White House – Before and After‹, ›The President's Park‹ und ›The Making of a Garden‹. Als der Tag schließlich kam, hatte sie vier Wochen zuvor ein Kind verloren und erholte sich auf Onassis' Jacht. Sie kehrte erst Mitte Oktober von der Griechenlandreise zurück. Die Schlagzeilen hetzten gegen die First Lady auf Vergnügungstrip. Sie hatte den Präsidenten im Wahlkampf durch Florida allein gelassen.

Die First Lady und die Haute Couture

Zu politischem Erfolg und internationaler Macht gesellten sich ab 1961 Eleganz und Pracht. Die Auftritte des Präsidentenpaares garantierten Schlagzeilen und erwiesen sich als trendsetzend. Jackies Kostüme und Roben wurden kopiert, sogar ihre Schwangerschaftskleider. Selbst das russische Modemagazin ›Mody‹ spähte hinter den Eisernen Vorhang und berichtete über den »Jackie-Look«. Die First Lady prägte den Stil der Sechziger: hochtoupierte Haare, am Hinterkopf die Pillbox, schmale Etuikleider, kurze, knappe Jacketts mit großen Knöpfen und schlichte Mäntel. Sie wird schulterfreie Abendkleider durchsetzen und den Mini gesellschaftsfähig machen. Privat gab sie sich ungezwungen; ihre Angestellten sahen sie tagsüber in Hosen.

Jackie Kennedy war die erste amerikanische Präsidentenfrau, die Modegeschichte schrieb. Ihr Kleidungsstil wurde zum Vorbild einer ganzen Generation. Das gelang nur durch die Kreation eines eigenen Stils. Und die maßgeschneiderte Rolle der schlichten, zugleich extravaganten First Lady paßte.

Das hochelegante Präsidentenpaar im Januar 1961

Gleich nach der Präsidentschaftswahl rief Jackie Couturier Oleg Cassini, der schon für Rose Kennedy gearbeitet hatte. Er sorgte für Eleganz made in USA; französische Designer hatte John F. Kennedy nach der Kritik im Wahlkampf verboten. Cassini wird in den nächsten drei Jahren Jackies gesamte Garderobe entwerfen: über 300 Kleider. Sie bestellte schon damals im Dutzend. Joe Kennedy zahlte. Cassinis Devise hieß Minimalismus, eine klare A-Linie bei allen Kleidern, aber aufwendigste Stoffe. Er avancierte damit zum ersten international bekannten Modedesigner Amerikas. Als 1986 Kleider amerikanischer First Ladys ausgestellt wurden, fanden auch drei Cassini-Ensembles ihren Weg ins Museum of the City of New York. »Es gibt keinen Zweifel daran, daß Mrs. Jacqueline Kennedy wohl mehr für die Hebung des Geschmacksniveaus in den Vereinigten Staaten getan hat als jede andere Frau in der Geschichte unseres Landes: Und es gibt keinen Zweifel daran, daß die gesamte Modeindustrie durch den permanenten Strom an Reportagen über das, was Mrs. Kennedy trug und wo sie es trug, einen gewaltigen Aufschwung erfuhr«, schrieb ›Women's Wear Daily‹, 7. April 1964.

Cassini entwarf für aktuelle Anlässe. Dabei berücksichtigte er historische Ereignisse und traditionelle Trachten. Den Anfang machte ein ärmelloses Abendkleid für den Inaugurationsball aus weißem Satin, Jackies Lieblingsfarbe. Passend dazu – wie so oft – lange Handschuhe; sie mußten die abgeknabberten Fingernägel verdecken. Das rote Kostüm für den Kanadabesuch erinnerte an kanadische Polizeiuniformen. Für die Indienreise entwarf er Seidenkleider und kragenlose Mäntel.

Diese First Lady brachte die einheimische Modeindustrie in Schwung. Vergessen war der amerikanische Puritanismus, vorbei der hausbackene Look einer Mamie Eisenhower. Allein Jackies Vorliebe für Gürtel verhalf den Gürtelfabriken zu ungeahnter Konjunktur.

Sie selbst vertrat in der Öffentlichkeit schon bald eine andere Meinung: »Ich kaufe nicht gern einen Haufen Kleidungsstücke und habe meine Schränke voll. Ein Kostüm, ein gutes kleines Schwarzes mit Ärmeln und ein kurzes Abendkleid – das ist alles, was man zum Reisen braucht«, zitierte das ›Home Journal‹ Jackie Kennedy im Dezember 1957.

Marilyn Monroe im Juni 1962 in Jackie-Pose – ihrer Traumrolle – für die Zeitschrift ›Vogue‹

Der Präsident an ihrer Seite

»Ich bin der Mann, der Jackie Kennedy nach Paris begleitet hat, und ich bin stolz darauf«, kokettierte John F. Kennedy Anfang Juni 1961 in der französischen Hauptstadt. Mit knapp 43 Jahren war er der jüngste Präsident der Vereinigten Staaten; er gewann besonders bei Frauen. Und für eine attraktive Frau ließ er schon einmal eine Senatssitzung sausen. Der 35. Präsident von Amerika entpuppte sich für seine Secret-Service-Agenten als Sicherheitsrisiko. Nur zu gern entwischte er ihrer Aufsicht und genoß ein Abenteuer zwischen zwei Terminen. So erhielt die Vokabel »Seitensprung« eine neue Dynamik, während die Atmosphäre zwischen John und Jackie eisiger wurde.

1962 kamen nach Marilyn Monroes Selbstmord Gerüchte über eine Affäre auf. Die Schauspielerin hatte den Präsidenten im März 1962 in Palm Beach kennengelernt, als er bei Bill Crosby einige Tage ausspannte und Jackie durch Indien reiste. Sie trafen sich später in Patricia und Peter Lawfords Strandhaus in Santa Monica wieder. Ihr letztes Filmprojekt, ›Something's got to give‹, mit einer Nacktszene im Wasser mußte wegen der unzuverlässigen Hauptdarstellerin abgebrochen werden; Twentieth

Century Fox hatte seinen einstigen Star gefeuert. Ihre Medikamentenabhängigkeit machte Marilyn Monroe für das Filmgeschäft ebenso untragbar wie für ihren berühmtesten Geliebten. Bruder Robert Kennedy soll nach ihrem Tod ihre Wohnung nach belastendem Beweismaterial abgesucht haben.

Am 29. Mai 1962 sang Marilyn ihr berühmtes »Happy Birthday, Mr. President« zu seinem 45. Geburtstag in New Yorks Madison Square Garden. 20 000 Zuschauer waren anwesend, als die labile Schauspielerin gegen ihren Filmvertrag verstieß, Hollywood heimlich verließ und ihr Ständchen ins Mikrofon hauchte. Die Veranstaltung war eine Benefizgala für die Demokraten und brachte reichlich Spenden ein. Jackie saß an dem Abend auf ihrem Landsitz Glen Ora. Johns Mutter Rose und Schwester Eunice dagegen lauschten life.

Dieser Präsident versprach seinem Volk eine moralische Orientierung, weltweite Festigung der Demokratie, Frieden und Freiheit. Doch er fuhr außenpolitisch einen aggressiven Kurs: Er zettelte beinahe einen atomaren Krieg mit der UdSSR an, versuchte Fidel Castro illegal zu beseitigen – ein alter Plan der Republikaner vor seiner Amtszeit – und unterstützte Südvietnam gegen Ho Tschi-Minh. John F. Kennedy hatte dazu den Verteidigungshaushalt um 20 Prozent erhöht und die Einberufungen zum Militär verdreifacht.

John F. Kennedy war Gründungsmitglied der »American Friends of Vietnam«. Während der Fünfziger unterstützte er mit Vater Joe diese humanitäre Hilfsgruppe, deren Vorsitzender er 1961 wurde. Er wollte Südvietnam stärken. Im Frühjahr 1962 sicherte er seinem Militär Handlungsfreiheit in Vietnam zu. Rund 16 000 Soldaten, Kampfflugzeuge, Bomben und Entlaubungsmittel wurden beantragt. Tatsächlich schickte Kennedy bis Ende 1963 20 000 bewaffnete Soldaten ins Land – ein Verstoß gegen das Genfer Abkommen von 1954, das die Amerikaner nicht unterzeichnet hatten. Der Kalte Krieg zwischen Ost und West hatte in Asien einen Stellvertreterkrieg entflammt.

Eine Woche vor seinem Tod prahlte er in New York: »Kein Land hat so viele seiner Bürger rund um den Globus geschickt, um den Frieden zu erhalten.« Einen Tag vor dem Attentat von Dallas betonte er in Texas, vom kommunistischen Vietnam drohe Gefahr, er aber wünsche den Frieden. Für diesen Frieden hatten sich im Frühjahr 1963 in Hanoi bereits buddhistische Mönche

Amerikanische Soldaten in Vietnam

mit Benzin übergossen und angezündet. Daß amerikanische
»Friedenspolitiker« trotz Kritik und außenpolitischer Fehlschlä-
ge weiter Bomben werfen lassen, zeigte Bill Clinton während
des Kosovo-Kriegs 1999. Er bezeichnet sich als Anhänger John
F. Kennedys und genoß die Unterstützung von dessen Witwe.

Mit innenpolitischen Konflikten befaßte sich Kennedy kaum,
sein Steckenpferd hieß internationale Politik und Machtaus-
bau. Zu spät erkannte er die Macht der Bürgerrechtsbewegung
und die Stärke Martin Luther Kings. Zwar wurden im Februar
1963 die Bürgerrechte reformiert, doch die Umsetzung im All-
tag fehlte. Die Proteste in den Südstaaten wuchsen. Etwa zwölf
Prozent der Bevölkerung waren betroffen. Zeitgleich sorgten
die Streiks der Stahlarbeiter für Aufruhr. Sozialpolitische Entscheidungen ließen auf sich warten. Das Ansehen der Politik
Kennedys sank vor diesem Hintergrund. Tatsachenverdrehung
und Nachrichtenunterdrückung wurden seiner Regierung
vorgeworfen. Die Presse sprach von Kontrolle und dem Aus-
üben von Druck.

Das Attentat von Dallas

In Texas waren die Demokraten 1963 zerstritten. Der konservative Gouverneur John Connally und der liberale Senator
Ralph Yarborough schadeten mit ihren Differenzen der Partei

mehr als ihre republikanischen Gegner. Zudem kritisierte die lokale Presse das Abkommen zum Stop von Atomtests. Texas gehörte nicht zum traditionellen Kennedy-Land, doch der Präsident brauchte auch diese Stimmen. In der verworrenen Situation sollte Jackie von den Problemen ablenken.

Erholt vom Tod des kleinen Patrick und zurück von ihrer umstrittenen Griechenlandreise, erklärte sie sich bereit, John im Wahlkampf zu unterstützen. Im rosa Kostüm mit farblich passender Pillbox und den weißen Handschuhen ging sie blutbespritzt in die Geschichte ein. Das Kostüm ist heute im Washingtoner Nationalarchiv ausgestellt. Doch vor ihrem letzten Auftritt ließ sie den Präsidenten warten. 5000 Anhängern gestand John F. Kennedy am Morgen des 22. November 1963 in Houston lachend: »Mrs. Kennedy is organizing herself.« Als Jackie endlich erschien, fuhren sie zum Flughafen: Ziel Dallas.

Um die Strapaze dieser Wahlreise besser zu verkraften, trug Kennedy wieder sein Stützkorsett. Im Sitzen konnte er damit den Oberkörper jedoch nicht beugen. Seinem Mörder bot er eine lebende Zielscheibe. Der Attentäter Lee Harvey Oswald ermordete John F. Kennedy am 22. November 1963, als sein Wagen mit Jackie, dem texanischen Gouverneur John Connally und dessen Frau Nellie in Dallas die Elm Street stadtauswärts fuhr. Etwa um 12.30 Uhr sausten drei Kugeln aus dem Fenster des Schulbuchlagers Texas School Book Depository, in dem Oswald als Hilfskraft arbeitete. Eine Kugel traf den Hals des Präsidenten, eine andere seinen Kopf. Der Schädel riß auseinander. John F. Kennedy starb etwa 25 Minuten nach dem Attentat in der Kli-

Dallas 1963: das Präsidentenpaar im offenen Wagen in Dallas, wenige Minuten vor dem Attentat

nik, wo er noch eine Bluttransfusion erhielt. Er wurde 46 Jahre alt.

Nachdem die Schüsse gefallen waren, kletterte Jackie in Panik aufs Heck der offenen Limousine. Zuvor hatte sie vergeblich versucht, den angeschossenen Schädel neben sich zusammenzudrücken. Jetzt wollte sie nur noch vom Schauplatz des Grauens fliehen. Ein Sicherheitsbeamter sprang auf den fahrenden Wagen und drängte sie zurück.

Vor der Untersuchungskommission Earl Warrens beschrieb Jackie am 5. Juni 1964 detailliert den Moment, in dem die Schüsse fielen: »Ich erinnere mich nur noch, wie ich meinen Mann sah. Er hatte so einen verwirrten Gesichtsausdruck, und er hob seine Hand, es muß die linke gewesen sein. Und als ich mich umdrehte und ihn anschaute, konnte ich einen Teil seines Schädels sehen, und ich erinnere mich, daß er fleischfarben war. Ich weiß noch, wie ich dachte, daß er aussehe, als habe er leichte Kopfschmerzen. Ich kann mich nur noch daran erinnern. Aber nicht mehr an Blut oder etwas anderes ... Ich erinnere mich daran, daß ich schrie. Und wie ich vom Sitz rutschte und seinen Kopf auf dem Schoß hatte. Es kam mir vor wie eine Ewigkeit. Wissen Sie, später gab es Bilder von mir, wie ich hinten aus dem Wagen kletterte. Aber daran erinnere ich mich überhaupt nicht.«

In den folgenden Stunden weigerte sich Jackie beharrlich, ihr mit Blut und Gehirnfetzen besudeltes Kostüm zu wechseln. Jeder sollte sehen, was der Mörder dem Präsidenten, ihr selbst und ihren Kindern, ja ganz Amerika angetan hatte. Sie bestand darauf, den Sterbenden in die Klinik zu begleiten. Wer sich ihr in den Weg stellte, lernte eine energische Frau kennen.

Noch am Tag des Attentats übernahm Lyndon Baines Johnson die Regierung; er ließ sich auf dem Flughafen Dallas von Richterin Sarah Hughes vereidigen. Damit hatte sich für ihn ein Traum erfüllt: 1954/1955 war er beim Versuch gescheitert, Kennedy als kranken Senator abzudrängen. Er unterstützte ihn als Vizepräsident in der Hoffnung, daß er die laufende Legislaturperiode nicht überlebte. Die Rechnung ging auf. John F. Kennedy starb als achter Präsident Amerikas im Amt.

Rudolf Augstein resümierte im Spiegel vom 27. November 1963: »Kennedy starb jünger als sie alle, strahlender und erfolgverheißender war er aufgestiegen, niemandem hatte er die

Macht entrissen. Eine Bewährungsprobe voll von ungeheuerlichen Risiken, die Kuba-Krise des vorigen Jahres, hatte er in eindrucksvoller Stärke bestanden. Schon zu Lebzeiten war der von Rückenschmerzen Gepeinigte zum Inbegriff des verantwortungsbeladenen jungen Helden geworden, der sich für seine Nation und für die Sache der von ihm geführten Völker aufopferte.«

First Ladys in Amerika – ein Vergleich

Jackie Kennedy wurde mit 30 Jahren First Lady. Ihre Vorgän-
gerinnen gehörten – wie ihre Nachfolgerinnen – einer älteren
Generation an: Eleanor Roosevelt war 48, Mamie Eisenhower
56, Patricia Nixon 57, Nancy Reagan 60, Hillary Clinton 44,
Laura Bush 54 Jahre alt, als ihre Männer Präsident wurden.
Nach den »Müttern der Nation« wirkte Jackie mit ihrer drei-
jährigen Tochter und dem zweimonatigen Sohn wie die Ver-
körperung der Jugend. Diese First Lady symbolisierte jene
Aufbruchstimmung, die ihr Mann mit seinem Parteiprogramm
»New Frontiers« beschwor. Sie setzte Maßstäbe – in Eleganz,
Mode, Stil, nicht aber in der Politik. Eine der größten Demo-
kratien erhielt durch ihr Auftreten aristokratischen Touch.

   Auf die Frage, welche First Lady sie am meisten bewundere,
antwortete sie: »Man erwartete die Namen Dolly Madison
oder Mrs. Roosevelt von mir zu hören, doch ich nannte Mrs.
Truman – und ich bin auch heute noch dieser Ansicht –, denn
sie hat ihre Familie im Weißen Haus zusammengehalten …
Das war es, worauf es auch mir vor allem ankam: meine Fami-

Mamie Eisenhower, Harry S. Truman, Dwight D. Eisenhower und Mrs.
Clifton Daniel (Margaret Truman) kurz nach der Trauerfeier in der St. Mat-
thews Cathedral in Washington für Präsident John F. Kennedy.

lie im Weißen Haus zusammenhalten – ich wollte nicht in die Kohlebergwerke gehen (Mrs. Roosevelt) oder ein Symbol der Eleganz werden (Dolly Madison).«

Um Jackie Kennedy im Jahr 1961 zu beurteilen, hilft ein Blick auf einige First Ladys dieses Jahrhunderts.

Eleanor Roosevelt (1884–1962)

Die Nichte des Präsidenten Theodore Roosevelt stammte wie Jackie Kennedy aus keinem glücklichen Elternhaus: Der Vater Elliott Roosevelt war Alkoholiker. Es drohte der finanzielle Ruin, und die Mutter Anna Roosevelt ließ ihren Mann schließlich für geisteskrank erklären, um das Vermögen zu retten. Anna starb mit 29 Jahren an Diphterie, zwei Jahre später starb ihr Mann. Eleanor Roosevelt wurde mit zehn Jahren Waise.

Mit 19 Jahren heiratete sie den Demokraten Franklin D. Roosevelt. Als 1932 der Wahlkampf um die Präsidentschaft begann, hatte das Paar mit seinen sechs Kindern die silberne Hochzeit längst erlebt. Doch schon 1918 war die Ehe »tot«. Eleanor wußte von Franklins Verhältnis mit seiner Sekretärin Lucy Mercer. Es folgte eine Liaison mit Marguerite Alice Le-Hand, die später ein Appartement im Weißen Haus bewohnte und im Landhaus des Präsidenten als Hausherrin auftrat.

Eleanor Roosevelt in Deutschland 1946: Sie spricht zu Soldaten der US-Besatzungstruppen. Fotografie von Tony Vaccaro

Franklin Roosevelt sträubte sich gegen die von Eleanor angebotene Scheidung; sie stand seiner Karriere weit mehr im Weg als seine Lähmung – die Folge einer Polio-Erkrankung 1921. Im Rollstuhl benötigte er seine Frau mehr denn je: 1932 leitete sie mit der Journalistin Lorena Hickok seinen Wahlkampf. Im Gegensatz zu ihren Vorgängerinnen hielt sie eigene politische Ansprachen.

Während des Zweiten Weltkriegs besuchte sie – gekleidet in eine Rot-Kreuz-Uniform – amerikanische Truppen und stand auf seiten der Soldaten. Da sie häufig Militärflugzeuge benutzte, kritisierten ihre Gegner die teuren Reisen – doch sie ließ sich davon so wenig beeindrucken wie später Hillary Clinton, der Journalisten Air-Force-One-Flüge vorrechneten.

Aus dem Weißen Haus heraus kritisierte Eleanor Roosevelt die Gesellschaft. Sie dachte linksliberal; ihre Forderungen waren radikal: Gleichstellung der Geschlechter in Familie, Beruf, Wirtschaft. Frauen sollten Unternehmen leiten – und das machte sie selbst mit ihrer Möbelfabrik vor. Sie engagierte sich in Frauenorganisationen wie der »League of Women Voters«. Und sie scheute vor Tricks nicht zurück, um ihre Ziele zu erreichen: Auf Pressekonferenzen ließ die First Lady nur Journalistinnen zu. Die Zeitungsverleger mußten Frauen einstellen, um Informationen aus dem Amtssitz zu erhalten.

»Frauen wählen seit zehn Jahren. Aber sind sie tatsächlich politisch mit den Männern gleichgestellt? Nein … Die Maschinerie der Parteipolitik lag immer in den Händen von Männern, und sie ist es noch. Unsere Staatsmänner und Gesetzgeber verharren in der Rolle der Nachfolger früherer Krieger, die sich um das Lagerfeuer [versammeln], um den Angriff des nächsten Tages auszuhecken«, schrieb Eleanor Roosevelt 1928 in dem Aufsatz ›Frauen müssen das Spiel lernen wie Männer es spielen‹, veröffentlicht in ›Redbook‹.

Eleanor Roosevelt bekämpfte die Diskriminierung von Farbigen und Juden. Ihre farbigen Freunde kamen ins Weiße Haus. Intellektuelle, Feministinnen und Exilanten fanden in ihr ein Sprachrohr. Gegen das State Department setzte sie Einwanderungen durch. 1940 sprach sie vor dem Parteitag der Demokraten und erreichte indirekt Roosevelts dritte Wahl. So entwickelte sich diese First Lady während der schwierigen Phase des Weltkriegs zu einer der meistbewunderten Frauen. In der

> Sie dürfen nichts persönlich nehmen.
> Sie dürfen gegen niemanden Groll hegen.
> Sie müssen die Tagesarbeit beenden, wenn das Tagespensum erledigt ist.
> Sie können sich nicht zu leicht entmutigen lassen.
> Sie müssen Niederlagen immer wieder hinnehmen und aufstehen und
> weitermachen.
> Seien Sie überzeugt von Ihrer Sache.
> Diskutieren Sie die Gegenseite mit einem Freund, bis Sie die Antwort auf
> jedes Argument gefunden haben, das gegen Sie vorgebracht werden
> könnte.
> Frauen, die Führungspositionen einnehmen wollen, müssen hervortreten
> und für ihre Sache einstehen. Immer mehr tun sie dies und immer
> mehr sollten sie es tun.
> *Eleanor Roosevelt, ›Gebote für politisch aktive Frauen‹, 1936*

Öffentlichkeit galt sie als perfekte Lebenspartnerin und Mutter – ein Image, das sie selbst mit Lorena Hickok ab 1933 bewußt aufbaute.

Franklin Roosevelts Briefe an Eleanor drücken Respekt für ihre Arbeit aus. Sie galt als seine engste Beraterin und sein Ohr zum Volk. Ihr Leben aber war eine Zweckgemeinschaft, in der beide eigene politische Ambitionen auslebten. Zwar hatte Franklin Roosevelt seine Kandidatur nie mit seiner Frau besprochen, und sie lehnte das Amt zunächst vehement ab, doch letztlich arrangierte sie sich mit ihrer Rolle. Sie mußte ihre Radiosendung aufgeben, weil diese von der Wirtschaft finanziert wurde. Sie hörte auch mit ihrem Unterricht an der Todhunter School auf, doch sie blieb Herausgeberin des Müttermagazins ›Babies – Just Babies‹, schrieb regelmäßig die Zeitungskolumne ›My Day‹ und publizierte ›It's up to the Women!‹ – ein Buch über den Aufbruch der Frauen.

Privat lebte Eleanor Roosevelt frei von Konventionen. Sie hielt heimlich ihre lesbische Beziehung zu Lorena Hickok – genannt Hick – aufrecht und besaß eine Wohnung im New Yorker Stadtteil Greenwich. Die Freundschaft zu der unattraktiven, fast 100 Kilo schweren Hick war geprägt von Liebe und Vertrauen; sie dauerte über drei Jahrzehnte bis zu Eleanors Tod. Da Hick völlig auf Eleanor fixiert war, verließ sie die New Yorker Journalistenszene und arbeitete im Roosevelt-Stab. Sie bewohnte zum Ärger des Präsidenten ein Gästezimmer im Weißen Haus, erschien jedoch nie zu offiziellen Veranstaltungen.

Neben dieser Dauerbeziehung genoß Eleanor Roosevelt ein Sexualleben mit jüngeren Männern, z. B. Earl Miller und Joseph P. Lash. Letzterer lebte jahrelang im Weißen Haus und wurde zu einem ihrer Biographen. Als er im Krieg in den Pazifik abkommandiert wurde, besuchte Eleanor ihn – wie auch ihre Söhne – auf seiner Militärbasis.

Am 12. April 1945, dem Sterbetag ihres Mannes, verließ Eleanor Roosevelt das Weiße Haus. In den folgenden Jahren setzte sie Maßstäbe für das Engagement einer Präsidentenwitwe: Sie arbeitete die ihr verbleibenden 17 Jahre politisch aktiv weiter, wurde Abgeordnete der Vereinten Nationen, formulierte die Menschenrechtserklärung mit und unterstützte die Gründung Israels. 1961 sammelte sie nach Kennedys mißglückter Kuba-Invasion Gelder, um die 1214 Exil-Kubaner aus Castros Gefangenschaft freizukaufen. Maximo Leader hatte Traktoren gefordert und ließ als Drohung bereits Freiheitskämpfer umbringen.

Mamie Eisenhower (1896–1979)

Mary Geneva Doud, genannt Mamie, heiratete am 1. Juli 1916 den Republikaner Dwight D. Eisenhower. Sie kannten sich erst ein Dreivierteljahr. Der General lebte für sein Land; Frau und Familie mußten warten. Die Flitterwochen dauerten dann auch nur zwei Tage. Mamie erlebte den Zweiten Weltkrieg allein in Washington, während ihr Mann als Oberkommandierender in London agierte und 1945 deutsche Konzentrationslager befreite. Zwischenzeitlich lenkte ihn seine Fahrerin Kay Summersby von den Schlachten ab; bei Kriegsende erwog er die Scheidung. Doch sein Vorgesetzter General Marshall drohte mit Konsequenzen für seine Karriere. Eisenhower akzeptierte die Doppelmoral.

Mamie Eisenhower fiel es schwer, die Verhältnisse ihres Mannes zu tolerieren. Sie begann zu trinken, reiste häufig in Kurbäder und litt schließlich an Gleichgewichtsstörungen – vermutlich als Folge des Alkoholmißbrauchs. Die Presse kritisierte ihren nachlässigen Kleidungsstil. Doch 1953 brauchte Eisenhower die Frau an seiner Seite: Acht Jahre wird er mit Mamie im Weißen Haus leben. Er regierte, sie blieb schweigsam im Hintergrund. Die Etappen seiner Karriere registrierte sie

Mamie Eisen-
hower mit ihrem
Gatten vor dem
Weißen Haus

so kritiklos wie seine politischen Entscheidungen. Als Auto-
biograph bemerkte er, daß Mamie seine Ansichten stets geteilt
hätte. Im übrigen taucht sie nur in Nebensätzen auf.

Offizielle Abendveranstaltungen liefen unter Präsident Eisenhower formell ab: Nach dem Essen trennten sich die Herren
von den Damen zum politischen Diskurs. Der unterhaltsame
Teil mit Konzerten war knapp bemessen; Tanzveranstaltungen
fanden nicht statt. Mamie Eisenhower zog sich meist früh zurück. Der Präsident führte Herrenabende ein, an denen er sich
mit Vertretern aus Wirtschaft, Arbeitnehmerschaft, Presse und
Bildungsinstituten zum Meinungsaustausch traf.

Mrs. Eisenhower konzentrierte sich im Weißen Haus auf
Küche, gesellschaftliche Verpflichtungen sowie die Unterbrin-
gung der Gäste. In ihrem Privatleben spielten die Enkel eine
wichtige Rolle; sie nutzten Pool und Kinosaal weit mehr als
die Großeltern. Ihre Geburtstagspartys wurden regelmäßig
hier gefeiert.

Als Eisenhower Ende September 1955 eine Koronarthrom-
bose erlitt, beantwortete Mamie Tausende von Sympathie-
briefen. Sie bestärkte ihn, aktiv in der Politik zu bleiben, übernahm aber selbst – im Gegensatz zu Mrs. Wilson oder Mrs.

Roosevelt – nicht für einen Tag die Regierungsgeschäfte. Als Eisenhowers Präsidentschaft im Januar 1961 endete, mußte sie ihre Nachfolgerin durch das Haus führen. Jackie Kennedy hatte gerade die Geburt ihres Sohnes überstanden und um einen Rollstuhl gebeten. Doch die scheidende First Lady mochte die zukünftige nicht durch die Flure schieben. Sie ließ den Rollstuhl unsichtbar plazieren, und Jackie wagte nicht zu fragen. Nach der Zwei-Stunden-Tour war die junge Mutter bettlägerig. Ob sich Jackie damals wohl an die Interviews von 1952 für ihre Kolumne in der ›Washington Herald Tribune‹ erinnerte? Die junge Fotoreporterin hatte Passanten gefragt: »Glauben Sie, daß Mamie Eisenhowers Pony eine landesweite Mode wird?«

Mrs. Eisenhowers Kommentar zur Nachfolgerin fiel gegenüber dem Generalmanager im Weißen Haus, J. B. West, kühl aus: »Nun, sie ist schrecklich jung … Sie plant gerade, jeden Raum in diesem Haus neu zu machen! Hier werden sicherlich einige Veränderungen stattfinden.« Im Juni 1962 besichtigte Mamie Eisenhower das neu gestaltete und eingerichtete Weiße Haus. Sie soll voll des Lobes gewesen sein. Weder sie noch ihr Mann hatten einschneidende Veränderungen vorgenommen; sie schätzten den Zweckbau. Renovierungen hätten nur die Bequemlichkeit Eisenhowers gestört.

Patricia Nixon (1912–1993)

Patricia Ryan, genannt Pat, lernte schon als Kind auf einer Farm in Nevada mit anzupacken. Sie wurde mit 18 Jahren Vollwaise, finanzierte ihr Studium selbst und unterrichtete Stenographie und Schreibmaschine. 1940 heiratete sie den Juristen Richard Nixon und begleitete ihn während seines Amtes als Vizepräsident Eisenhowers acht Jahre lang durch 54 Länder. Dabei hoffte sie, er würde die Politik endlich aufgeben und motivierte ihn zum Schreiben. Als er sich statt dessen 1968 für die Präsidentschaftswahl aufstellen ließ, fiel sie in eine Depression.

Der Vergleich zwischen Pat und Jackie, den beiden Ehefrauen der miteinander konkurrierenden Präsidentschaftskandidaten des Jahres 1960, zeigt zwei Frauentypen: »Pat, ausgestattet mit der hygienischen Adrettheit einer Pioniersfrau im kosmetischen Zeitalter, sieht aus wie die Bilderbuch-Version der Vorsitzenden eines US-Frauenclubs und ist ein go-getter [jemand, der bekommt, was er will]; Jackie ist eine ›sophisticated Lady‹, eine geistreiche junge Society-Schönheit, die schon eine Dame war, bevor sie die Chance hatte, First Lady zu werden. Kurz: Pat ist der Ideal-Typ einer amerikanischen Politiker-Gattin und Jackie ein eleganter Alptraum für alle Wahlstrategen«, so jedenfalls sah es der ›Spiegel‹ im November 1960.

Ihre Pflichten als First Lady erfüllte Pat Nixon 1969 bis 1974 gewissenhaft. Sie organisierte sonntägliche Predigten im Weißen Haus und lud Angestellte, Kabinettsmitglieder sowie Senatoren mit ihren Familien dazu ein. Der Quäker Nixon hatte aus dem East Room – Kennedys Bankettsaal – einen Kirchenraum gemacht. Doch das blieb nicht die einzige Veränderung: Patricia Nixon richtete, wie Jackie Kennedy acht Jahre zuvor, das Weiße Haus neu ein und kaufte historische Möbel. Sie schätzte einige der Änderungen während der Kennedy-Ära, ließ jedoch den französischen Stil Boudins entfernen. Und noch etwas ließ Mrs. Nixon entfernen: Jackie Kennedys Gedenktafel in ihrem Schlafzimmer – dem sogenannten Lincoln-Raum – zur Erinnerung an ihre Zeit im Weißen Haus: »In diesem Raum lebte John F. Kennedy mit seiner Frau Jackie – während der zwei Jahre, zehn Monate und drei Tage, die er Präsident der Vereinigten Staaten war, 20. Januar 1961–22. November 1963.« Als Patricia Nixon 1974 Washington verließ, gehörte die Einrichtung zu den besten Antiquitätensammlungen im Land. Geschickterweise machte sie dies nie publik. Mrs. Nixon hatte aus der Kritik an der Vorgängerin gelernt.

Neu im Amt kündigte sie ein soziales Freiwilligenprogramm zur Nächstenhilfe an, nahm es jedoch nie in Angriff. Dennoch: Das Volk mochte sie; selbst nach Watergate blieb sie beliebt. Journalisten dagegen sagten ihr den Charme eines Eiszapfens nach. Zeitzeugen lobten ihre Beherrschtheit in einem Leben, das sie nicht gewählt hatte. Ihre Haltung als Gattin eines bedeutenden Politikers war patriotisch; stets hielt sie ein Zitat für die konservative Wählerschaft bereit. Feministinnen warfen ihr deshalb Unterwürfigkeit vor. Sie stand loyal zu ihrem Mann. Und doch befürwortete sie – die Frau eines Republikaners – wie schon Eleanor Roosevelt die Abtreibung. Sie wollte damit den Armen helfen und sah in ihrem politischen Engagement stets eine Quelle der Lebensfreude für andere.

Schon 1947 arbeitete Pat Nixon mit am Image ihres Mannes

Kritik traf sie daher hart. Proteste und Provokationen ließen diese First Lady jedoch nicht wanken; ihr Tagespensum absolvierte sie bis zum letzten Tag. Während einer Asienreise bestand sie hartnäckig auf einem Truppenbesuch bei den in Vietnam stationierten GIs und sprach mit verwundeten Soldaten.

Die Amtsjahre Nixons waren geprägt vom nicht enden wollenden Vietnam-Krieg, von Rassenkonflikten, sozialen wie wirtschaftlichen Problemen und schließlich dem Watergate-Skandal. Die First Lady hielt einen Prozeß und die Offenlegung aller geheimen Aktivitäten amerikanischer Präsidenten für angebracht. Sie wollte Richard Nixons Machtmißbrauch und seine Verantwortung in einen Zusammenhang mit politischer Kriminalität in den USA stellen. Doch der Präsident kam der Amtsenthebung, dem Impeachment, zuvor, indem er 1974 zurücktrat.

Diesen Mißerfolg ihres Mannes bedauerte sie keineswegs; sie hatte nie ins Weiße Haus gedrängt. 1952 wäre die Ehe der moralisch streng Urteilenden bereits fast zerbrochen, weil Nixon Wahlgeldunterschlagung nachgesagt wurde. Der harte Schlagabtausch unter Politikern gehörte nicht zu ihrer Welt.

Richard Nixon betonte in seinen Memoiren, daß seiner Frau die Anerkennung für ihre Arbeit versagt geblieben sei. In seiner Abschlußrede erwähnte er sie nicht; er lobte seine Mutter.

Nancy Reagan (*1921)

Jackie Kennedy hatte sich an Frankreich orientiert, Nancy Reagan griff auf Hollywood zurück. Sie sah sich als Nachfolgerin Jackies und entwickelte den Ehrgeiz, Klasse und Stil nach Washington zurückzubringen. Jimmy Carters Bodenständigkeit sollte durch Hollywood-Glamour ersetzt werden. Konsequent suchte sie ihre Gäste unter Schauspielern und Stars. Und so überrascht es nicht, daß in den Medien Gemeinsamkeiten zwischen Nancy Reagan und Jackie Kennedy herausgestellt wurden: »Von allen First Ladys hatte sie [Jackie Kennedy] vielleicht am meisten mit Nancy Reagan gemein. Sie teilten die Liebe zu edlen Dingen, den Geschmack für schöne Kleider, Ehemänner, die von Attentätern angegriffen wurden. Als sie sich schließlich trafen, begegneten sie sich wie alte Freunde. Aber im Gegensatz zu Mrs. Reagan, die in Talkshows auftrat und deren Tochter kein Blatt vor den Mund nahm, blieb sie ein Rätsel«, war im Juli 1994 im ›Life Magazine‹ zu lesen.

Die einstige Filmschauspielerin bezeichnete sich selbst als unpolitisch, doch zeitgenössische Umfragen berichteten, daß 62 Prozent der Amerikaner ihren Einfluß für immens hielten. Am 31. Oktober 1967 schrieb das Magazin ›Look‹: »Kaliforniens tonangebende Lady. Nancy Reagan, die niemals geglaubt hatte, Frau eines Gouverneurs zu werden, ist ein Hit. Sogar Demokraten mögen sie.« Nach dieser freundlichen Aufnahme war sie auf die spätere Presseschelte nicht vorbereitet. Von Feministinnen wurde die Ehefrau angegriffen, weil sie die Karriere gern für die Familie aufgegeben hatte. Sie fühlte sich als First Lady mißverstanden und lächerlich verzerrt. Gerüchte um eine Magersucht kränkten sie; tatsächlich litt sie aus Angst nach dem Attentat auf Ronald Reagan nur 69 Tage nach seinem Amtsantritt am 20. Januar 1981 unter Nervosität und Eßstörungen. Anfang 1982 hatte sie den Gipfel ihrer Unbeliebtheit erreicht und zog mit einem Sketch über sich selbst während des jährlichen Gridiron-Dinners für Journalisten die Presse mit viel Humor auf ihre Seite.

Dennoch blieb ihr Privatleben in den Schlagzeilen. Selbst im Urlaub fühlten sich die Reagans von Reportern verfolgt. 1987 erklärte eine Fernsehsendung Nancys Brustkrebsoperation per Zeichnung dem Volk; sie war schockiert über diese Bloßlegung ihrer Intimsphäre. Das problematische Verhältnis zu ihren leiblichen Kindern sowie Ronalds Sohn und Tochter aus erster Ehe geriet zum Lieblingsthema der Medien. Immerhin hatte Reagan im Wahlkampf die Werte Freiheit, Fleiß und Familiensinn in den Mittelpunkt gerückt. Er selbst bot mit seiner Familie kein Vorbild. Tochter Patti Davis veröffentlichte 1986 den autobiographischen Roman ›Home Front‹, er ist voller Selbstmitleid über den konservativen Vater.

Neben dem Privaten standen die offiziellen Aktivitäten der First Lady Reagan im Scheinwerferlicht. Mrs. Kennedys Renovierung lag 21 Jahre zurück; die Räume wirkten 1981 verwohnt. Nancy Reagan warb um private Spenden und sammelte 800 000 Dollar. Die Folge war Kritik an den reichen Freunden des Präsidentenpaars. In einer Zeit wachsender Arbeitslosigkeit und hoher Obdachlosenquoten war Neid rasch geschürt. Doch Nancy ging es nicht nur um die Verschönerung der

Ronald und Nancy Reagan auf ihrer Ranch

Räumlichkeiten; sie ließ Fußböden, Badezimmer, die Heizungs- und Klimaanlage sanieren, richtete einen Wintergarten und ein Fitneß-Studio ein.

Wie die Renovierung, so ernteten auch ihre Kleider Proteste. Ihr Geschmack war zu teuer. Die Presse reduzierte Nancy Reagan – wie einst Jackie Kennedy – auf ihr Outfit. Und wie diese kämpfte sie vergeblich gegen den Ruf, nur Modezeitungen zu blättern. Tatsächlich schuf sie mehr als einen schönen Anblick: Sie rief die Kampagne »Just say no« gegen Drogenkonsum ins Leben und erlebte hier Erfolge. Während der achtziger Jahre sank der Drogenmißbrauch unter Schülern und Studenten in den USA um 50 Prozent. Daß Reagans Tochter Patti Drogen nahm, war der Presse allerdings mehr Zeilen wert. Nancy Reagan führte ihr Projekt nach Reagans Amtszeit beharrlich von Los Angeles aus weiter.

Der Präsident sah in seiner Frau die Partnerin und betonte in seinen Reden, wie wichtig sie ihm war. Nach seiner Krebsoperation in einer vom Krankenhaus aus gehaltenen Ansprache an die Nation sagte er am 20. Juli 1985 voller Anerkennung: »Die First Ladys werden nicht gewählt, und sie bekommen auch kein Gehalt. Sie sind vor allem Privatpersonen, die gezwungen sind, ihr Leben in aller Öffentlichkeit zu führen. Abigail Adams half, die Vereinigten Staaten zu gründen. Dolly Madison half, sie zu schützen. Eleanor Roosevelt war die rechte Hand von Franklin D. Roosevelt. Nancy Reagan ist mein ein und alles.«

Ihre Beziehung wird als innig beschrieben. Dennoch gestand sie 1999 dem Biographen Edmund Morris, ihr Mann sei ihr gelegentlich ein Rätsel gewesen. Schon während seiner Gouverneurszeit in Kalifornien nahm sie als wichtigste Beraterin des Präsidenten Einfluß. Sie unterstützte aktiv den Wahlkampf und sprach in Kleinstädten, die er nicht alle besuchen konnte. Als First Lady überzeugte sie mit energischem Auftreten, bot Gegnern jedoch Angriffsfläche, als sie den Terminkalender Reagans mit ihrer Astrologin Joan Quigley abstimmte. Sie selbst erklärte dies mit dem Bedürfnis, ihren Mann nach dem Attentat schützen zu wollen. In dieser schwierigen Phase schickte Jackie Kennedy tröstende Worte; ihr war die Situation nur allzu vertraut. Nancy Reagan erinnerte sich nach dem Tod ihrer Vorgängerin 1994: »Sie war sehr liebevoll zu mir, als auf meinen Mann geschossen worden war und wir nicht wußten, ob er es überlebt oder nicht … Sie schrieb mir und telefonierte mit mir – sie schickte mir einen sehr mitfühlenden Brief und sprach mit mir. Sie hätte wirklich nicht mehr tun können in jener Zeit, als ich es wirklich nötig hatte.«

1984 hoffte sie, daß er nicht wieder kandidierte. Nancy kannte seit zwölf Jahren keine Ruhe, kein Familien- und Privatleben mehr; sie sehnte sich nach ihrer Heimat Kalifornien, und sie fürchtete ein zweites Attentat. Doch Ronald Reagan war entschlossen, weiterzuregieren. Sie harrte in Washington an seiner Seite aus und bleibt später die zuverlässige Partnerin, als er mehr und mehr in die Welt der Alzheimerschen Krankheit driftet.

Hillary Clinton (*1947)

Hillary Rodham lernte Bill Clinton im juristischen Seminar der Universität Yale kennen. Sie half ihm beim Studium, zögerte ihr Examen hinaus, um mit ihm 1973 abzuschließen und gab schon bald ihre Anwaltsstelle beim »Children's Defense Fund« in Washington für ein gemeinsames Leben in Arkansas, dem zweitärmsten Bundesstaat der USA, auf. Sie heirateten 1975 und bildeten von Beginn an ein politisches Team. Ihre politische Grundüberzeugung formulierte sie

Die Clintons in jungen Jahren

in der Abschlußrede an der Universität Welleslay 1969: »Wir haben allerdings den Eindruck, daß unsere Führung Politik zu lange als die Kunst des Möglichen betrieben hat. Die heutige Herausforderung liegt aber darin, Politik als die Kunst zu praktizieren, das Unmögliche möglich zu machen. Uns interessiert nicht so sehr der Wiederaufbau der Gesellschaft als vielmehr der Wiederaufbau des Menschlichen.«

Hillary Rodham Clinton ist eine anerkannte Juristin. Sie lehrte Jura an der Universität Fayetteville und arbeitete in Little Rock als Anwältin, bevor sie mit Bill und Tochter Chelsey ins Weiße Haus zog. Während ihr Mann als Gouverneur Arkansas regierte, finanzierte sie die Familie. Er verdiente 30 000 Dollar im Jahr. Die Verantwortung trieb Hillary zu riskanten Unternehmungen: 1978 hoffte sie mit dem Immobliliengeschäft Whitewater Profite zu machen. Doch der Landkauf entwickelte sich zum Flop. Die Clintons verloren ihr Geld, ein Skandal folgte. Sonderermittler Kenneth Starr versuchte damals, sie als kriminell und korrupt zu überführen. 1978/1979 spekulierte Hillary Clinton so erfolgreich an der Warenterminbörse, daß Insider Absprachen und Marktmanipulation vermuteten. Dann drang eine von ihr eingefädelte Steuerhinterziehung an die Öffentlichkeit, doch die politische Laufbahn des Paares konnte all dies nicht stoppen.

Daß Hillary verstärkt die Karriere und Bill Clinton eher sexuelle Neigungen verfolgt, macht den Reiz dieser Ehe für die Skandalpresse aus. Im Januar 1992 hielt die neue First Lady mit ihrem Mann im Fernsehen Händchen; sie sprachen in der Sendung ›60 Minutes‹ über Eheprobleme. Politische Berater hatten in Umfragen ermittelt, daß das Volk Bill Clintons Untreue tolerieren könne, wenn seine Frau informiert sei. Ob Hillary Clinton ein langjähriges Verhältnis mit Anwaltskollege Vince Foster verband oder ob es sich hier um eine Verleumdungskampagne der Republikaner handelt, ist ungeklärt. Vince Foster brachte sich im Juli 1993 um. Die Amerikaner nahmen Gerüchte wie Beweise gelassen auf; wirtschaftlicher Wohlstand war in den Neunzigern wichtiger als die Moral im Weißen Haus.

Hillary Clinton besitzt eine politische Meinung und äußert sie. Diese First Lady gilt als der intellektuelle, entscheidungsfreudige Kopf des Clinton-Tandems. Während des Wahlkampfs 1978 in Arkansas stand sie Bill ebenso zur Seite wie nach der verlorenen Wahl 1980. Sein unerfahrener Regierungsstil, eine unpopuläre Steuererhöhung und seine Weigerung, die Todesstrafe durchzuführen, hatten die Wähler zu den Republikanern getrieben. Das Engagement seiner Frau schätzten die Konservativen in Arkansas ebenfalls nicht. Hillary hatte ihre Tochter Chelsey so konsequent aus dem Wahlkampf herausgehalten, daß viele nichts von ihrer Existenz wußten. Fortan wird sie Chelsey dazu nutzen, von ihrem feministischen Image abzulenken.

Die Clintons verabschiedeten nach der Wahlniederlage ihre liberale Politik und paßten sich dem konservativen Denken des Bundesstaates an. Hillarys Motivation heißt Idealismus; doch ihre liberalen Ideale verrät sie, wenn es gilt, die Macht zu retten. Sie legte 1982 nach sieben Ehejahren ihren bewußt beibehaltenen Mädchennamen ab und nannte sich Hillary Clinton. Sie änderte ihren Kleidungsstil, die Haarfarbe und trug Kontaktlinsen, um weiblicher zu wirken. Zeitweilig sprach sie sogar Südstaatenakzent, um den Wählern näher zu sein. Ihr Denken aber bleibt strategisch und pragmatisch. Mitte der Siebziger hatte sie gegen die Todesstrafe als nicht verfassungsgemäß protestiert. 1982 sagte sie im Wahlkampf, gewisse Verbrecher hätten die Todesstrafe verdient. Widersprüche gibt sie öffentlich zu; in der ersten ihrer wöchentlich erscheinenden Kolumnen ›Darüber reden‹ schrieb sie im Juni 1995: »Die Wahrheit ist, daß es selbst für mich manchmal schwer ist, die Hillary Clinton zu entdecken, die andere Leute in mir sehen. Wie Millionen anderer Frauen in diesem Land glaube ich, daß mein Leben aus verschiedenen, manchmal widersprüchlichen Teilen besteht.«

1983 organisierte Hillary Clinton eine Bildungsreform in Arkansas und leitete den Ausschuß. Die Lehrerausbildung wurde verbessert, die Unterrichtsqualität an staatlichen Schulen erhöht. Frauenspezifische Themen sind eines der Markenzeichen dieser First Lady. So erklärte sie Studentinnen des Wellesley Colleges bei der Semesterabschlußfeier im Mai 1992: »Ihr könnt euch dafür entscheiden, ein Unternehmen zu führen oder Raketenwissenschaftler zu werden, oder ihr könnt zu Hause bleiben und Kinder groß ziehen. Ihr könnt irgendeine dieser oder alle diese Möglichkeiten wählen … Ihr könnt euch um Kinder kümmern, indem ihr Politik macht oder Plätzchen backt.« Sie reagierte mit diesen Worten auf verärgerte Reaktionen seitens der Presse, nachdem sie in einem Interview erklärt hatte: »Ich schätze, ich hätte auch zu Hause bleiben, Plätzchen backen und Tee trinken können. Aber ich entschied mich statt dessen, meinem Beruf nachzugehen, den ich schon hatte, bevor mein Mann ein öffentliches Amt annahm.«

Für die Öffentlichkeit: das perfekte Paar

Als First Lady leitete Hillary Clinton 1992 die Arbeitsgruppe für die Gesundheitsreform und war damit die erste Präsidentenfrau mit politischem Posten. Sie wollte einen Versicherungsschutz zum Festbeitrag einführen. Doch die Idee der finanziellen Firmenbeteiligung nach deutschem Vorbild stieß bei den Arbeitgebern auf Unmut. Die Pharmaindustrie befürchtete Verluste; die Versicherungen beharrten auf ihrem Prämiensystem, in dem Kranke mehr zahlen als Gesunde. Die Reform war nicht durchzusetzen und kostete Stimmen. Hillary wurde im November 1994 für die Niederlage der Demokraten verantwortlich gemacht; Bill Clinton verlor die Mehrheit im Kongreß wie im Senat. Der Anspruch ihres Wahlslogans »Buy one, get one free« wurde nicht angenommen. Die First Lady sank rapide auf der Beliebtheitsskala und zog sich zurück. Hinter den Kulissen von Washington blieb sie jedoch die Partnerin des Präsidenten, der versprochen hatte: »Wenn ich zum Präsidenten gewählt werde, wird es eine bisher nicht dagewesene Partnerschaft sein, weitergehend als die von Franklin Roosevelt und Eleanor.«

Nach der gescheiterten Gesundheitsreform paßte sich Hillary Clinton erneut chamäleonartig dem Wählerwillen an: Sie besuchte Krankenhäuser und Schulen, schrieb über Frauenthemen in ihrer Kolumne ›Darüber reden‹, sprach in Talkshows über Kindererziehung und gewann einen Backwettbewerb gegen Barbara Bush. Sie schrieb ›Eine Welt für Kinder‹ – ein Buch über Kinder und Erziehung. Darin forderte sie staatliche Unterstützung für Familien, fernsehfreie Tage und sexuelle Abstinenz bis zum 21. Lebensjahr. Ihre Popularität stieg wieder. 1997 avancierte sie zur Kinder- und Frauenbeauftragten; diese Themen werden einer First Lady zugestanden. Sie setzte sich für gleiche Bezahlung von Frauen und Männern ein, forderte mehr Kindertagesstätten und prangerte Gewalt in Familien an. Damit kehrte sie zu ihren Studienschwerpunkten Sozialgesetzgebung und Rechte für Kinder bzw. Schutz von Minderjährigen zurück.

Während des Amtsenthebungsverfahrens gegen ihren Mann 1998 stieg Hillary Clintons Beliebtheit: 60 Prozent der Amerikaner sahen in ihr die meistbewunderte Frau. Zwar mißlang ihr Versuch, den Fall Monica Lewinsky als Verschwörung politischer Gegner zu deuten, doch im August 1999 plazierte sie im Magazin ›Talk‹ ihre Version: »Das Ganze war nach christlichem Verständnis eine Sünde aus Schwäche und nicht aus Böswilligkeit.« Zu diesem Zeitpunkt kandidierte sie bereits für einen Senatssitz – und das erfordert in Amerika eine intakte Familie. Hillary Clinton hat ihr Leben stets ihren beruflichen Zielen untergeordnet.

Sie reihte sich mit 52 Jahren in die Riege ehemaliger First Ladys ein – als Senatorin von New York. Sollten ihre Anhänger recht behalten, könnte sie in wenigen Jahren Präsidentin sein. Schon Robert Kennedy nutzte den Senatssitz für New York als Sprungbrett für die Kandidatur. Wie er verlegte auch Mrs. Clinton ihren Wohnsitz nach New York: Die Familie kaufte eine 100 Jahre alte Kolonialvilla in Chappaqua außerhalb Manhattans. Da sie mit über 5 Millionen Dollar bereits durch Anwaltskosten verschuldet sind, wird das Haus mit Krediten finanziert. Die Geldsorgen bleiben, auch wenn die erwartete Biographie Hillary Rodham Clintons mehrere Millionen Dollar einbringen wird. Das Amt der First Lady könnte jedoch schon bald aufgehoben sein. Und Bill Clinton – ein Mann für das Damenprogramm.

Die Mutter

Jackie bemerkte gegenüber der Presse häufiger, sie sei in erster Linie Mutter. Sie wolle ihre Kinder nicht von Kindermädchen und Secret-Service-Männern großziehen lassen. Noch
1994 taucht in den Nachrufen ihr Statement zur Kindererziehung auf: »Sie hat einmal erklärt, wie wichtig es sei, Zeit für
die Familie zu haben, und sagte: ›Wenn man dabei versagt,
seine Kinder aufzuziehen, dann glaube ich nicht, daß alles andere, was man tut, irgendeine Bedeutung hat‹«, erinnerte sich
Hillary Clinton. Bis Jackie jedoch die eigenen Kinder erziehen
konnte, mußte sie Bitteres erleben.

Unerfüllter Kinderwunsch

Mitte September 1953 hatten Jackie und John geheiratet; bis
Anfang 1955 fehlte jedes Signal für Nachkommen. Die kinder-
reichen Kennedys deuteten eine kinderlose Ehe als weibliche
Schwäche. Endlich kam im Frühjahr die ersehnte Neuigkeit:

Robert Kennedy mit seiner Familie vor ihrem Haus in McLean (v. l. n. r.):
Ethel Skakel Kennedy, Mary Courtney, Kathleen Hartington, Joseph Patrick,
Robert Kennedy mit Michael LeMoyne, Robert Francis und David Anthony.
Insgesamt hatte er elf Kinder. Foto von 1959

Jackie ist schwanger. Doch schon im Mai 1955 folgte eine Fehlgeburt. Konnte sie keine Kinder bekommen? Roberts Frau Ethel hatte in ihren ersten fünf Ehejahren vier Kinder geboren; sieben sollten folgen. Jackie spottete über die »Gebärmaschine Ethel«.

1956 hoffte die Familie erneut. Am 23. August brachte Jackie im achten Monat mit Kaiserschnitt ein totes Mädchen zur Welt – Arabella. Sie hatte die letzten Schwangerschaftswochen bei ihrer Mutter in Newport verbracht. Kennedy-Sekretärin Evelyn Lincoln informierte den Senator telefonisch von der Tragödie; er amüsierte sich mit Freunden auf einer Segeljacht im Mittelmeer. George Smathers, Senator aus Florida und langjähriger Freund, drängte ihn, die Segelpartie abzubrechen. Kennedy hielt seine Anwesenheit am Krankenbett nicht für erforderlich. Allein die Angst um einen Skandal bewegte ihn zum Rückflug. Die ›Washington Post‹ berichtete am 25. August 1956 von seiner Kreuzfahrt und von Jackies Totgeburt.

Die Ursache der Totgeburt hieß offiziell psychische Anstrengung. Jackie hatte ihrem Mann während des Konvents in Chicago hochschwanger zur Seite gestanden. Drei Jahre nach ihrer Hochzeit agierte sie trotz manch enttäuschender Erlebnisse noch loyal. Dank und Verständnis erhielt sie dafür nicht. Kritische Stimmen attestierten John F. Kennedy emotionale Unreife. Die Ehe war nach knapp drei Jahren vom Kinderwunsch, von Zweifeln an Jackies Fähigkeit, ein gesundes Kind bekommen zu können, sowie Johns Untreue schwer belastet. Jackie Kennedy führte ein Leben fern ihrer Träume. Und John F. Kennedy räumte rückblickend über die Zeit der ersten Ehejahre ein: »Es war schwierig. Ich war 36, sie war 24. Wir verstanden uns gegenseitig nicht ganz.«

Gesundheitsrisiken

Jackie schränkte das Kettenrauchen während ihrer Schwangerschaften zwar ein, doch ganz gab sie die Zigaretten nicht auf. Mediziner verbieten Schwangeren das Rauchen, um ein Gesundheitsrisiko für den Fötus auszuschließen. Dem Streß als Frau eines Politikers und damit als öffentlicher Person begegnete sie mit Injektionen von Dr. Jacobson: Amphetamine und Steroide. Bleibende Schäden und die Suchtgefahr dieser

Aufputschmittel waren in den fünfziger Jahren noch nicht erforscht. Medizinisch steht heute fest: Die Drogen schwächten das Immunsystem und schadeten ihrem Körper langfristig.

John F. Kennedy litt seit 1940 an chronischer Urethritis – Harnröhrenentzündung als Folge einer Gonorrhöe. Die Addison-Erkrankung verhinderte eine Ausheilung; sein Immunsystem war geschwächt. Bei seiner Obduktion 1963 wurde zudem eine Chlamydien-Infektion nachgewiesen. Sie wird durch sexuellen Kontakt übertragen. Jackies Fehl- und Totgeburt waren womöglich Folgen einer Ansteckung: Chlamydien können die Fruchtblase zerstören und so Fehl- bzw. Frühgeburten auslösen.

Caroline und John

Am 27. November 1957 wurde Caroline Bouvier Kennedy geboren. Endlich war die Familie komplett. John F. Kennedy entwickelte sich zum glücklichen Vater, der sich gern mit der Kleinen fotografieren ließ. Später wird er als Präsident auf dem Rasen hinter dem Weißen Haus mit seiner Tochter spielen. Bei Pressekonferenzen darf Caroline mit dem Dreirad zwischen Journalisten umherfahren. Kinderliebe beweist einen positiven Charakter; John F. Kennedy hat seine junge Familie von Beginn an als Sympathieträger genutzt. Ganz anders Jackie: Als Mutter verlangte sie noch weit mehr Privatsphäre als zuvor.

»Für Jackie schien die Mutterschaft ihr Selbstbewußtsein zu bestätigen. Sie verlieh ihr inneren Frieden und Sicherheit wie nichts zuvor. Sie öffnete ihr Herz«, schrieb Doris Kearns Goodwin, eine Freundin der Kennedys und Autorin von ›The Fitzgeralds and the Kennedys‹ (1987).

Am 25. November 1960 brachte Jackie mit Kaiserschnitt einen Sohn zur Welt:

Mit der Erstgeborenen, Caroline, und dem neugeborenen John Jr.

John Fitzgerald Kennedy Jr. Er kam drei Wochen zu früh, wog nur sechs Pfund, und Jackie fürchtete, wieder ein Kind zu verlieren. Doch der Junge überlebte die erste Woche im Brutkasten.

Nach der vorzeitigen Geburt fühlte Jackie sich energielos, sie litt an Wochenbettdepression und Migräne. Zudem stand der Umzug ins Weiße Haus unmittelbar bevor. Sie fuhr mit dem Kind nach Palm Beach, wo sie sich im Haus der Schwiegereltern erholen wollte. Doch hier waren die Zimmer überfüllt mit politischen Beratern und Journalisten. John F. Kennedy war bereits einen Monat vor der geplanten Geburt ins Haus seiner Eltern gezogen, um sich auf die Präsidentschaft vorzubereiten. Seine Mitarbeiter hatte er um sich versammelt.

Jackie mußte liegen, fand aber kaum die notwendige Ruhe. Um das Neugeborene kümmert sich Maud Shaw, die englische Nanny, die wenige Wochen später mit ins Weiße Haus zog. Sie blieb in den nächsten Jahren die wichtigste Bezugsperson für die Kinder, und sie war es auch, die im November 1963 der sechsjährigen Caroline und dem dreijährigen John den Tod des Vaters erklären mußte.

Kinder im Weißen Haus

Im Washingtoner Amtssitz des Präsidenten hatte die Renovierung der Privaträume im zweiten Stock Priorität. Besonders wichtig waren Jackie individuelle Kinderzimmer. Die Besucherströme durch das Weiße Haus verbot sie am Nachmittag. Sie selbst und die Kleinen brauchten Ruhe. Gewöhnlich blieb sie mittags bei den Kindern und las ihnen abends Geschichten vor. Das waren feste Zeiten im Tagesablauf, wenn Jackie und die Kinder in Washington waren.

Im Park ließ sie für Caroline und John einen Privatspielplatz mit Streicheltieren und Ponys, Baumhaus und Trampolin einrichten. Hunde, Katzen, Hamster, Enten und ein Kanarienvogel lebten hier. Von Nikita Chruschtschow stammte »Pushinka«. Er zeigte gegenüber dem amerikanischen Präsidenten zwar Härte, aber er mochte Jackie und schenkte ihren Kindern ein weißes Hündchen.

Rose Kennedy erinnerte sich an die spielenden Kinder, wenn sie aus dem Fenster in den Garten des Weißen Hauses hinaussah: »Ich überblickte auch den Kinderspielplatz unter mir, di-

Jackie und Caroline

rekt hinter dem Rosengarten, und beobachtete meine Enkel und ihre kleinen Spielgefährten auf den Schaukeln und Rutschen. Im Winter konnte ich sehen, wie Jackie mit ihnen in diesem Teil des Parks in einem von Carolines Pony Macaroni gezogenen Schlitten herumfuhr.«

Der Kindergarten im Weißen Haus garantierte Spielgefährten für Caroline und John. Sie erhielten hier die Chance, verborgen vor neugierigen Blicken aufzuwachsen. Jackie ließ als Sichtschutz Bäume und Büsche anpflanzen. Wer die Kinder beim Spielen fotografierte, stand auf ihrer Feindesliste. Fototermine mit Caroline und John verbot sie energisch. Pierre Salinger, den Pressesekretär im Weißen Haus, wies Jackie zurecht: »Ich dachte, Sie hatten mit den Fotografen ein Arrangement getroffen, die Kinder beim Spielen im Weißen Haus nicht aufzunehmen. Sie haben alle Fotos von [Pony] Macaroni bekommen, die sie brauchen. Ich will keine weiteren – das ist mir ernst –, und wenn Sie fest bleiben und sich die Zeit nehmen, können Sie das stoppen. Also tun Sie es bitte. Wozu ist ein Pressesekretär da – um der Presse zu helfen, ja –, aber auch um uns zu beschützen.« Salinger war gut beschäftigt, Jackies Kritik abzuwehren und gleichzeitig John F. Kennedys Wunsch zu entsprechen, der Presse Kinderfotos zu ermöglichen. Die Fotoserien lenkten

John und Jackie mit Caroline und John Jr.

John Jr. wurde als
Krabbelkind
berühmt, das unter
dem Schreibtisch
des Präsidenten
spielt.

geschickt von politischen Mißerfolgen ab. John F. Kennedy
nutzte das Interesse der Frauen- und Hochglanzmagazine, um
sich als Mustervater zu präsentieren. Mit anrührenden Familienszenen wollte er in der Öffentlichkeit sein Image als Play-
boy und unerfahrener Politiker aufpolieren. Doch die Bilder
waren gestellt. Caroline schrieb am 5. Februar 1962 über ihren
kleinen Bruder an Großvater Joe Kennedy: »Daddy sitzt bei
Mommy und mir und nicht bei John. Er ist ein ungezogener
Junge, der schreit und versucht, in Mutters Coca-Cola zu
spucken. Er ist sehr schlechter Laune.«

Patrick

Im August 1963 erwartete Jackie ihr drittes Kind. Patrick kam
fünfeinhalb Wochen zu früh, wog lediglich 2500 Gramm und
hatte unzureichend ausgebildete Lungen – ein häufiges Problem der Frühchen. In der ›Washington Post‹ war am 8. August
1963 auf der ersten Seite zu lesen: »Das Baby wog 4 Pfund
und 310 Gramm und kam ungefähr 5 1/2 Wochen zu früh. Er
wurde sofort in einen Brutkasten mit Sauerstoff gelegt. Salinger gab bekannt, daß der Zustand von Mrs. Kennedy gut sei.

Das Kind ist das erste von einer amerikanischen First Lady geborene, seit Frances Folsom Cleveland am 9. September 1893 eine Tochter im Weißen Haus auf die Welt brachte.«

Patrick litt an Atemschwierigkeiten und starb nach eineinhalb Tagen. Jackie war durch den Kaiserschnitt so geschwächt, daß sie an der Beerdigung in der Kennedy-Familiengrabstätte in Boston nicht teilnehmen konnte. Das bereits eingerichtete Kinderzimmer räumte Generalmanager J. B. West diskret wieder aus.

Als Patrick starb, titelte die ›Washington Post‹ auf der ersten Seite: »Kennedy's Baby Dies.« Die Londoner ›Evening News‹ setzten »Jackie's Baby Dies« in schwarzen Buchstaben quer über die Titelseite. Und amerikanische Zeitungen listeten in den nächsten Tagen auf, welche Länder mit ihnen um den kleinen Jungen trauerten. Sie bemerkten empört, daß die DDR sich offiziell nicht äußerte. Meldungen aus dem Privatleben der Kennedy-Familie und Weltpolitik verschmolzen plötzlich.

Der Tod seines Sohnes traf John F. Kennedy hart; er reagierte anders als bei der Totgeburt 1956. Jackie war in ihrer zehnjährigen Ehe fünfmal schwanger geworden, dreimal mußte das Paar den Verlust eines Kindes betrauern. Diese Situation band sie plötzlich eng aneinander.

Alleinerziehende Mutter

Jackie fürchtete in den Monaten nach dem Attentat von Dallas um die psychische Gesundheit ihrer Kinder. Erst im August hatten sie den Tod des kleinen Bruders miterlebt, nun fehlte der Vater. Sie brachte beide zu Kinderpsychoanalytiker Erik Erikson. Doch er sah die Mutter weit mehr gefährdet als die Kleinen. Sie nahm zu diesem Zeitpunkt abwechselnd Tranquilizer und Valium, sprach schleppend und wirkte orientierungslos.

Jackie erkannte früh das Problem einer gestörten Kindheit und achtete nach den Jahren im Weißen Haus auf gewöhnliche Lebensbedingungen. Sie führte den privaten Kindergarten für Caroline, John und ihre Freunde fort und wechselte sich mit den anderen Müttern bei der Beaufsichtigung ab. Der Status »Kinder des ermordeten Präsidenten« bedeutete eine Bürde. Die vom Staat gestellten Secret-Service-Männer wies sie an, die

Kinder zu beschützen, keinesfalls aber zu verhätscheln oder ihnen die Spielsachen nachzutragen. Das Wachpersonal sollte Passanten abhalten, die Kinder zu fotografieren. Caroline und John durften keine Touristenattraktion werden. Immer wieder erinnerte Jackie die Sicherheitsbeamten in Aktennotizen, sich ansonsten im Hintergrund zu halten. Beaufsichtigung bei Sport und Spiel erachtete sie als ihre mütterliche Pflicht. Als John im Central Park das Fahrrad gestohlen wurde, freute sich Jackie. Endlich konnte der Junge eine Alltagssituation von Gleichaltrigen erleben.

Als die Kinder heranwuchsen, räumte ihnen Jackie so viel Freiheit wie möglich ein. Caroline und John entwickelten sich natürlich. Mit ihrem Prominentenstatus erlebten beide keine größeren Konflikte. Jackie verhinderte, daß die Jugendlichen in der Vergangenheit oder im Mythos des Familienclans aufwuchsen. Sie lud alte Freunde John F. Kennedys ein, damit sich die Kinder zu Hause über ihren Vater informierten und nicht auf Skandalgeschichten hörten. Die Mutter blockierte

Jackie verläßt im Dezember 1963 mit Caroline und John das Weiße Haus.

Kontakte zu den Teenagern von Robert und Ethel Kennedy, um ein Abrutschen mit den Cousins in Drogenkreise und eine kriminelle Szene zu verhindern.

1983 wurde Robert Kennedy Jr. wegen Heroinbesitzes verhaftet. 1984 starb David A. Kennedy an Kokain. Im März 1991 vergewaltigte William Kennedy Smith ein Mädchen in Palm Beach, wurde angeklagt und unter skandalösen Umständen freigesprochen. Er arbeitet heute als Arzt. Sylvester 1997 starb Michael Kennedy angetrunken beim Fußballspielen auf Skiern in Aspen. Zuvor hatte er mit dem vierzehnjährigen Kindermädchen seiner drei Kinder ein Verhältnis. Christopher Lawford gab sich als Arzt aus, um Drogen zu bekommen. John Kennedy Jr. nannte die Cousins im Editorial seines Magazins ›George‹ »Modellfälle für schlechtes Benehmen«.

Jackie baute eine kleine, stabile Familie auf. Das daraus resultierende Selbstverständnis wurde so stark, daß John auf Carolines Hochzeit seinen Schwager Edwin Schlossberg mit den Worten willkommen hieß: »Unser ganzes Leben gab es nur uns drei: Mommy, Caroline und ich. Jetzt sind wir vier.«

Jackie war am Ende ihres Lebens überzeugt, daß sie von all ihren Rollen, die sie zu erfüllen hatte, als Mutter am besten gehandelt hatte. Sie war stolz auf ihre Kinder.

»Gott hat ihr große Fähigkeiten verliehen und große Lasten auf sie geladen. Sie trug sie alle mit Würde und Anmut und ungewöhnlichem Menschenverstand. Am Ende sorgte sie sich am meisten darum, ihren Kindern eine gute Mutter zu sein, und das Leben von Caroline und John läßt keinen Zweifel daran, daß sie es war, und mehr«, sagte Bill Clinton am 23. Mai 1994 während der Beisetzung auf dem Friedhof in Arlington.

Ausritt von Mutter und Kindern, 1967

Die Witwe

Mit 34 Jahren wurde Jackie Kennedy Witwe – eine alleinerziehende Mutter. Das Weiße Haus mußte sie schnellstmöglich verlassen. Lyndon B. Johnson ließ am Morgen nach der Beisetzung bereits die Büroräume im Erdgeschoß räumen. Innerhalb der 13 Tage zwischen dem Attentat in Dallas und ihrem Auszug plante sie das Staatsbegräbnis, organisierte ein neues Heim für die Kinder und ließ die Ausstattung ihres Lebens als First Lady in Umzugskisten packen. Selbst an die Mitarbeiter im Weißen Haus dachte sie: Jeder erhielt ein Erinnerungsstück aus dem Privatbesitz des Präsidenten.

Zeitzeugen charakterisierten die Witwe als depressiv. Innerhalb eines Vierteljahres trauerte sie um ihren Sohn Patrick und um den Ehemann. Nach zehnjähriger Ehe und drei Jahren an der Spitze der amerikanischen Gesellschaft stürzte Jackie Kennedy in eine Identitätskrise. Ihr Leben vor der Ehe war als Übergangsphase zur Hochzeit geplant gewesen. Der Ehemann, wenn auch häufig anderweitig engagiert, hatte ihr Leben bestimmt. Sie interessierte sich nicht für Politik, doch ihre Position als First Lady hatte sie genossen. Und als würdevolle First Lady nahm sie von diesem Lebensabschnitt Abschied.

Am 23. und 24. November 1963 scharte sie ihre Familie um sich: die Kennedys, die Auchincloss', ihre Schwester Lee mit Ehemann Stanislas Radzivill. Robert Kennedy schlief während der Beerdigungswoche im Gästezimmer. Jackie konnte mit den Kindern nach dem Attentat nicht allein bleiben. Auch Aristoteles Onassis kam ins Weiße Haus, um Jackie beizustehen. Sie hatten sich erst sechs Wochen zuvor auf seiner Jacht voneinander verabschiedet, und Jackie hatte ihn zu den Trauerfeierlichkeiten eingeladen.

Am Montag, dem 25. November 1963, Johns drittem Geburtstag, fand die Beisetzung auf dem Washingtoner Heldenfriedhof Arlington statt. Der Vorschlag stammte von Robert Kennedy, und er entsprach Jackies Vorstellungen. Bis dahin blieb der Leichnam im East Room des Weißen Hauses aufgebahrt; die Ehrenwache übernahm das Militär: Special Force und Green Berets. Die Trauermesse fand in der St. Matthew

Cathedral, Washington, statt. Zwei Tage später feierte Caroline ihren sechsten Geburtstag.

Beisetzung in Arlington

Die Feierlichkeiten orientierten sich an der Beisetzung Abraham Lincolns: der Sarg auf einem Katafalk von sechs Pferden gezogen, bedeckt mit dem Sternenbanner, dahinter ein reiterloser Rappe. Die Ehefrau mit ihren Kindern folgte einsam dem Sarg. Trauergäste, Familienmitglieder und Vertreter aus 102 Nationen kamen in gebührendem Abstand – ebenfalls zu Fuß. Regie: Jackie Kennedy. Schon 1957 hatte sie die Beerdigung ihres Vaters John Bouvier in New York bis ins Detail organisiert, obwohl sie mit Caroline im fünften Monat schwanger war.

Mit dieser Inszenierung begann die Legende um John F. Kennedy, den Märtyrer und Helden. Seine Witwe demonstrierte Gefühl, Leid, aber auch Machtbewußtsein und Größe. Dieses Staatsbegräbnis forderte zur kollektiven Trauer auf. Rührend wirkten die Kinder in hellblauen Mänteln und roten Schuhen. Der am Sarg salutierende John war den Fernsehzuschauern noch 1999 im Gedächtnis, als er mit 39 Jahren bei einem Flugzeugabsturz selbst ums Leben kam.

Unter den Ehrengästen waren de Gaulle, Haile Selassie, Prinz Philip, Golda Meïr und Bundeskanzler Ludwig Erhard, der in diesen Tagen ein Treffen mit John F. Kennedy gehabt hätte.

Der Trauerzug: die Überführung des toten Präsidenten auf den Heldenfriedhof Arlington

Ein Bild, das um die Welt ging: der salutierende John Jr. bei der Beisetzung seines Vaters

Auch Martin Luther King kam. Seine Kampagne zum zivilen Ungehorsam und sein Eintreten für den gewaltfreien Widerstand gegen Rassendiskriminierung hinderte ihn nicht, Trauer um den Präsidenten zu zeigen. Am Grab entzündete die Witwe eine ewige Flamme; sie brennt noch heute, weit über den Friedhof hinaus sichtbar. Nach der Beerdigung überreichte Jackie die amerikanische Flagge vom Sarg Joe Kennedy, der seit zwei Jahren ans Bett gefesselt war.

Wenige Tage später fand eine zweite Beisetzung unmittelbar neben dem Grab John F. Kennedys statt. Jackie hatte den Leichnam ihrer totgeborenen Tochter Arabella aus Newport und den Sarg ihres Sohnes Patrick aus dem Familiengrab in Brookline holen lassen. Unbemerkt von der Öffentlichkeit führte sie ihre Familie auf dem Heldengedenkfriedhof zusammen.

Erster Neuanfang: Washington

Nach der Beisetzung wollte Jackie weiter in Washington leben. Sie verließ am 6. Dezember das Weiße Haus und zog mit Kindern, Kindermädchen und Zofe vorübergehend in das von Unterstaatssekretär Averell Harriman bereitgestellte Haus im Stadtteil Georgetown. Hier hatte sie ihre frühen Ehejahre verbracht.

Die erste Pflicht im neuen Lebensabschnitt war die Beantwortung der Kondolenzbriefe. In einer Fernsehansprache dankte sie für die immense Anteilnahme. Der Staat stellte ihr ein Büro mit Sekretärinnen zur Verfügung, um die Briefflut bewältigen zu können. Sie sollten gut zwei Jahre beschäftigt sein. An Richard Nixon schreibt Jackie im Dezember 1963 persönlich: »Sie Zwei – Kollegen im Kongreß – Gegner 1960 – Und nun sehen Sie, was passiert ist – Wer hätte geglaubt, daß so eine schreckliche Sache in unserem Land passieren könnte – Ich weiß, wie Sie sich fühlen müssen – so knapp die größte Auszeichnung zu verpassen – und nun ... stellt sich für Sie die Frage wieder – und Sie selbst und Ihre Familie müssen alle Hoffnungen und Anstrengungen wieder aufbringen – Nur eine Sache möchte ich Ihnen sagen – wenn es nicht so kommt, wie Sie es schon so lange erhoffen – bitte trösten Sie sich mit dem, was Sie bereits besitzen – Ihr Leben und Ihre Familie – Wir schätzen das Leben nie genug, wenn wir es haben ...«

Und in einem Brief an Nikita Chruschtschow appellierte Jackie an dessen politisches Verantwortungsgefühl angesichts der weiterhin angespannten weltpolitischen Lage: »Sie und er [John F. Kennedy], sie waren in der Absicht vereint, die Welt solle nicht in die Luft fliegen. Sie respektierten sich gegenseitig und konnten miteinander verhandeln. Ich weiß, daß Präsident Johnson sich bemühen wird, die gleiche Beziehung zu Ihnen aufzubauen. Meinen Mann beunruhigte die Gefahr, daß ein Krieg nicht so sehr von den großen Männern als vielmehr von den kleinen ausgehen könnte. Denn große Politiker kennen die Notwendigkeit der Selbstkontrolle und Beherrschung – kleinere werden manchmal von Angst und Stolz getrieben.« (1. Dezember 1963)

Ende Januar 1964 kaufte sie ein dreistöckiges Kolonialhaus in Georgetown: 3017 N Street. Doch sie gab das Haus schon bald wieder auf. Alles in dieser Stadt erinnerte an den Toten. Zu der Trauer, dem Gefühl der Einsamkeit gesellte sich ihr Entsetzen über die Neugier. Touristen pilgerten zum Haus der Kennedy-Witwe, belagerten die Straßenfront, hofften auf ei-

nen Blick auf sie und wollten nicht erkennen, daß sie die ver-
wundete Familie belästigten. Jackie war zu einer Sehenswür-
digkeit auf Stadtrundfahrten geworden. Sie sehnte sich fort.

Zweiter Neuanfang: New York

Im Frühjahr 1964 kaufte Jackie Kennedy für 200 000 Dollar ein
New Yorker Appartement mit 14 Zimmern im 14. und 15. Stock
des Hauses 1040 Fifth Avenue. Das Art-déco-Hochhaus stammte
von Rosario Candela, jenem Architekten, der schon die Park
Avenue 740 – ihre Adresse bis Sommer 1938 – gebaut hatte.
Sohn John wird die Maisonettewohnung 1994 für 9,5 Millionen Dollar verkaufen. Die Einrichtung soll 125 000 Dollar gekostet haben – ein Großteil davon stammte jedoch aus den Pri-
vaträumen des Weißen Hauses.

In New York fühlte sich Jackie zu Hause. Hier hatte sie ihre
Kindheit verbracht, hier lebte ein Teil ihrer Familie. In unmit-
telbare Nachbarschaft zogen Lee und Stanislas Radzivill. Jean
Kennedy mit ihrem Mann Steven Smith, Patricia und Peter Lawford lebten ebenfalls in Manhatten. Auch Robert Kennedy
kam mit seiner Familie nach New York City – eine Notwendigkeit, um als Senator des Staates kandidieren zu können. Er
soll Jackie zu dem Umzug überredet haben. Der Big Apple bot
ihnen allen ein anonymeres Leben.

Caroline wurde in die nur
wenige Blocks entfernte Klo-
sterschule des Heilig-Herz-Or-
dens eingeschult. Jackie sorgte für erste Kontakte zu den
Mitschülerinnen, lud Kinder
ein und organisierte für
den vierjährigen Muhammad,
Kronprinz von Marokko, in
ihrer Wohnung eine Geburtstagsparty. John besuchte ab
1966 die St.-David-Schule in
Manhattan. Wie andere Müt-

1040 Fifth Avenue, New York.
Jackie Kennedys Wohnung befand
sich im 14. und 15. Stock.

Mutter Jackie mit Caroline und einer Schulfreundin

ter holte sie die Kleinen vom Unterricht ab und besprach Fortschritte mit den Lehrern. Ihre Kinder sollten nicht unter dem berühmten Namen leiden und als bestaunte Außenseiter heranwachsen.

Die Rechnungen für dieses neue Leben schickte Jackie wie gewohnt an Schwiegervater Joe; sie selbst hätte die Kosten nicht aufbringen können. Als sie endlich zur Ruhe kam, plagten sie dennoch Geldsorgen. Die Haushälterin Marta Sgubin, Zofe Providencia Parédes, eine Köchin sowie zwei Hausdiener halbtags plus die zwei Sekretärinnen wollten finanziert sein.

Die Präsidentenwitwe erhielt 150 000 Dollar jährlich als Zinsen aus dem Kennedy-Vermögen. Über das Kapital verfügte allein die Familie. Bei einer Wiederheirat würde das Geld samt Zinsen an ihre beiden Kinder fallen. Der Staat zahlte ihr eine Witwenrente von 10 000 Dollar jährlich, solange sie nicht ein zweites Mal heiratete. Die amerikanischen Postdienste durfte sie unentgeltlich in Anspruch nehmen. Bei Jackie Kennedys Anspruch an Einrichtung und Kleidung, ihren Reisegewohnheiten und eigenen Pferden reichte dies Einkommen nicht.

Joe Kennedy aber war alt und krank. Sein Tod würde für Jackie enorme Einbußen bedeuten. Vorsorglich sparte sie, entließ Privatsekretärin Mary Gallagher und ließ sich einladen. So entstand der Ruf einer geizigen, zugleich fordernden Jackie, die allmählich ihre Freunde verlor.

Die Legende um Camelot

Jackie rief nur eine Woche nach dem Attentat ›Life‹-Reporter Theodore White zu sich, um einen geschönten Rückblick auf das Leben und Wirken ihres Mannes zu lancieren. »Eine Zeitlang glaubte ich, Geschichte werde von alten Männern geschrieben. Aber dann merkte ich, die Geschichte machte Jack zu dem, der er war ... Für Jack war die Geschichte voller Helden ... Männer sind so eine Art Kombination aus Gut und Böse. Jack hatte diese Heldenidee aus der Geschichte, diesen idealistischen Blick«, berichtete Jackie dem Journalisten im Dezember 1963. Sie erzählte ihm auch von Johns Vorliebe für das ›Camelot‹-Musical. In dem Stück von Alan Jay Lerner heißt es:

»Don't let it be forgot,
That once there was a spot,
for one brief shining moment,
That was known as Camelot.«

Jackie bezog die Zeilen auf John und machte ihn zum Helden des modernen Amerika. Die Gleichsetzung vom Weißen Haus mit Artus' Hof Camelot, von John F. Kennedy mit König Artus war de facto nicht halb so romantisch, wie Kritiker meinten: Artus wurde auf dem Höhepunkt seiner Macht verraten, verwundet, und schließlich starb er an dieser Verletzung. Trotz des vergleichbaren Schicksals spottet die Parallele allerdings dem amerikanischen Demokratiegedanken. White tat der Witwe dennoch den Gefallen, und der Mythos »Camelot«, die Legende um den Frieden stiftenden Kennedy war geboren.

Bürgerrechtsbewegung, Streiks, Kuba und Vietnam, die Demonstrationen auf Amerikas Straßen gegen Kennedys Politik standen diesem Heldenbild krass entgegen. Jackie Kennedy muß über die tatsächlichen Zustände und die Kritik an der politischen Marschrichtung ihres Mannes informiert gewesen sein. Diese Themen beherrschten 1962/1963 Zeitungen wie Fernsehen. Doch sie schuf ihr eigenes Geschichtsbild.

Fast genau ein Jahr nach dem Attentat erschien im Magazin ›Look‹ ein sehr privater Rückblick: »Fast ein Jahr ist vergangen, seit er gegangen ist. An so vielen Tagen – seinem Geburtstag, unserem Hochzeitstag, wenn die Kinder zum Meer liefen – habe ich gedacht: ›Letztes Jahr hat er diesen Tag zum letzten Mal erlebt.‹ Er war voller Liebe und Leben an all diesen Tagen ... Und nun ist er eine Legende, wo er doch lieber ein Mensch gewesen wäre. Ich muß glauben, daß er unser Leiden jetzt nicht teilt … Er ist frei, und wir müssen leben.« (27. November 1964)

Stätten der Erinnerung und Kultur

Nach dem Mord von Dallas befürchtete Jackie, die Öffentlichkeit könne John F. Kennedy vergessen. Schon 1964 plante sie mit seiner Schwester Jean und deren Mann Steven Smith den Bau der John F. Kennedy Library. Die Idee stammte aus dem Jahr 1962. Der Präsident selbst wollte sich, wie sein Vorgänger Truman, ein Denkmal setzen. Seine Witwe hielt mit dem Verweis auf das Projekt Hintergrundinformationen und Schriftstücke zu Kennedys Regierungszeit für Jahrzehnte verschlossen. So sicherte sie ihre Version der Geschichte.

Jackie besichtigte Bibliotheken, sprach mit Architekten. Der zu dieser Zeit noch unbekannnte I. M. Pei baute schließlich in Columbio Point, Boston, die Bibliothek; später wurde er mit der Glaspyramide am Louvre weltberühmt. Der futuristische Glasbau der Bibliothek sollte das zukunftsgerichtete, jugendliche Image John F. Kennedys repräsentieren. Jackie mobilisierte Privatpersonen wie Staaten, den Bau finanziell zu unterstützen.

Am 20. Oktober 1979 wurde die Bibliothek zu Ehren John F. Kennedys in Boston nach 17 Planungs- und Baujahren eingeweiht. Der amtierende Präsident James E. Carter nutzte die Gelegenheit, Jackie Kennedy auf die Wange zu küssen. Sie war schockiert und zuckte zurück; sie kannte ihn kaum. Zu ihrem alten Freund Arthur Schlesinger meinte sie später ironisch: »Ich nehme an, er dachte, es sei *droit du seigneur*.« Die Witwe hat zu allen Präsidenten der Vereinigten Staaten stets Distanz gewahrt; ihre Zeit in Washington war mit Kennedys Ermordung beendet.

Die Bibliothek wurde als internationale Forschungsstätte konzipiert. Heute ist hier jede Rede von John F. Kennedy nachzulesen, jeder Film mit ihm oder über ihn abzuspielen. Manuskripte und Briefe, Interviews mit Zeitzeugen können eingesehen werden. Auf den *oral history tapes* sind Aussagen der Familie, Mitarbeiter und berühmter Persönlichkeiten über den Präsidenten festgehalten. Lange Jahre war Jackie Kennedy Vizepräsidentin der Bibliothek; seit 1994 ist es ihre Tochter Caroline Kennedy Schlossberg.

Die zweite Kulturstätte zu Ehren Kennedys wurde ebenfalls bereits 1962 geplant: das Zentrum für moderne Kunst in Washington. Als First Lady hatte Jackie dazu eine Benefizveranstaltung organisiert, die auch Mamie Eisenhower unterstützte. Nach Kennedys Tod bewilligte der Senat Johnson 17 Millionen Dollar für das Kunstzentrum. Die Zukunft für das John F. Kennedy Center for the Performing Arts war gesichert.

1964 wurde Cape Canaveral in Cape Kennedy umgetauft. 1973 machte Richard Nixon die Namensänderung des Raketenstartplatzes in Florida wieder rückgängig. Doch in diesem Jahr verunglückte Alexander, der Sohn von Aristoteles Onassis, woraufhin dieser jede Lebensenergie verlor, und Jackie O. hatte andere Sorgen als die Erinnerung an ihren ersten Ehemann. Sie protestierte nicht. Dauerhafter erwies sich die Umbenennung des New Yorker Flughafens. Auf dem John F. Kennedy International Airport landen und starten die Maschinen noch heute. 1975 wurde im Metropolitan Museum, schräg gegenüber von Jackies New Yorker Appartement, der Tempel von Dendur aufgestellt. Ägypten hatte ihr ein historisches Kunstwerk

Innenansicht des John F. Kennedy Center for the Performing Arts in Washington, D. C.

als Gedenkstätte für ihren verstorbenen Mann versprochen, und sie wählte den kleinen Tempel selbst aus. Ende 1973 hatte sie während einer Ägypten-Kreuzfahrt mit Aristoteles und Christina Onassis Anwar as-Sadat kennengelernt. Der Kontakt führte zu diesem Geschenk.

»Bobby for President«

Robert Kennedy leitete 1960 den Wahlkampf seines Bruders John. Er stand im Schatten des Älteren und versuchte nach dessen Tod, sein politisches Amt zu erringen. Jackie unterstützte ihn; die Witwe leistete im Sommer 1964 massive Wahlkampfhilfe. Im April 1968 bekannte Jackie gegenüber dem Historiker Arthur Schlesinger: »Wissen Sie, was ich glaube, was mit Bobby geschehen wird? Das gleiche, das mit Jack passiert ist … Es gibt so viel Haß in diesem Land, und Bobby wird mehr gehaßt als Jack … Ich habe Bobby das gesagt, aber er ist nicht so fatalistisch wie ich.«

Robert Kennedy zog als Abgeordneter von New York in den Senat ein – nicht zuletzt aufgrund eigener politischer Ideale. Seine Politik nahm sich der Menschen auf der Straße an; er versprach, die sozialen Probleme Amerikas zu lösen statt die Macht der Nation weiter voranzutreiben. Und er war ein Gegner des Vietnam-Kriegs.

Jackie und Robert Kennedy verstanden sich. Beide wollten die Hintergründe des Attentats Ende 1963 nicht näher untersuchen. Sie ließen sich vom Ergebnis des Warren-Untersuchungsausschusses zufriedenstellen. Doch Robert Kennedy hatte die CIA-Pläne zur Ermordung Fidel Castros unterstützt. Ihm war bekannt, daß der Attentäter Oswald mit Castros Kuba sympathisierte, Mitglied im Komitee »Gerechtigkeit für Kuba« war und sich zuvor in der UdSSR aufgehalten hatte. Die offizielle Theorie vom Einzeltäter Lee Harvey Oswald, der von einem zweiten Einzeltäter, dem Nachtclubbesitzer Jack Ruby, am 25. November 1963 umgebracht wurde, glaubten lediglich 29 Prozent der Amerikaner – zumal Ruby Kontakte zur Mafia in Chicago nachgewiesen wurden. Eben diese Mafia hatte John F. Kennedy im Wahlkampf mit Geldern und Stimmenkauf geholfen. Robert Kennedy dagegen hatte die Mafia-Bosse als Justizminister hart bekämpft. Hier lauerten Feinde.

Im Jahr 1968 verkündete Robert Kennedy, daß er für die Präsidentschaftswahl kandidieren werde. Jackie verschob ihm zuliebe die Hochzeit mit Aristoteles Onassis, trat an der Seite ihres Schwagers auf und hielt Ansprachen. Der heimliche Bräutigam unterstützte die Demokraten finanziell – mehr aus Rücksichtnahme auf die Familienplanung als aus politischer Überzeugung. Robert Kennedy gewann viele Amerikaner mit dem Versprechen, den Vietnam-Krieg zu beenden und die Rassenunruhen im

Robert Kennedy bei einer Ansprache 1962 in Schöneberg

Land zu beruhigen. Die Nominierung schien in greifbarer Nähe. Sekunden vor seinem Tod am 6. Juni 1968 jubelte ihm die Menge auf den Straßen von Los Angeles zu. Beim Betreten des Ambassador Hotels wurde er erschossen. Der vierundzwanzigjährige Palästinenser Sirhan Bishara Sirhan – ein geistig verwirrter Extremist – hatte ihm aufgelauert. Edward Kennedy erklärte am Grab: »Man braucht meinen Bruder nicht zu idealisieren oder im Tod größer zu machen, als er im Leben war, um einfach als guter und anständiger Mann in Erinnerung zu bleiben, der das Falsche erkannte und es zu berichtigen suchte, der das Leiden sah und es zu heilen suchte, der Krieg sah und ihn stoppen wollte … Er sagte viele Male in vielen Teilen dieses Landes …: ›Einige sehen die Dinge, wie sie sind, und fragen warum; ich träume von Dingen, die niemals existierten und frage, warum nicht?‹« (8. Juli 1968)

Wieder organisierte Jackie Kennedy eine Beerdigung. Witwe Ethel war hochschwanger mit ihrem elften Kind.

Das Attentat auf Robert Kennedy stürzte Jackie in eine psychische Krise. Erinnerungen an 1963 wurden wach; zeitweise verwechselte sie Robert mit John. Sie fühlte sich schuldig, weil sie ihn in seinem Entschluß bestärkt hatte, Politiker zu bleiben.

Robert Kennedy hatte Jackie in der Trauerphase beigestanden. Er war zu einem Ersatzvater für Caroline und John geworden. Seinen Verlust konnte niemand aus dem Kennedy-Clan ersetzen. Wie weit die Gerüchte um eine intime Beziehung zwischen ihm und Jackie stimmen, muß offen bleiben. Biographen wie Christopher Andersen zufolge waren sie von 1964 bis 1967 ein Liebespaar. Roberts Ehe galt als problematisch, trotz der Kinderschar. Ethel war für Robert keine intellektuelle Partnerin; Jackie konnte ihm zuhören. Als er ermordet wurde, verlor sie mehr als einen Schwager.

Für Aristoteles Onassis bedeutete der Mord die rasche Hochzeit. Umgehend flog er zu Jackie, um ihr beizustehen und sie aus Amerika herauszuführen.

Politische Verweigerung

Robert Kennedy war der einzige Politiker nach 1963, dem Jackie aktiv im Wahlkampf geholfen hatte. Zwar wurde die Witwe bis zu ihrem Tod von amerikanischen Präsidenten hofiert, doch sie schlug schon Johnson eine Unterstützung ab. Sein Angebot, sie könne Botschafterin in Frankreich oder Mexiko werden, nahm sie nicht an. Sie verweigerte sogar ihre Wahlbeteiligung mit der Begründung, ihre Stimme hätte 1964 John F. Kennedy gehört. Im Januar 1965 kam sie nicht zu Johnsons Antrittsrede ins Kapitol. Eleanor Roosevelt war zu John F. Kennedys erster Rede als Präsident trotz Kritik an seiner Politik erschienen. Und Jackie gab den Johnsons weitere Körbe: Die Einladungen zu Staatsbanketten ignorierte sie. Als das Präsidentenpaar den Rosengarten des Weißen Hauses – von Jackie und Landschaftsarchitektin Bunny Mellon angelegt – nach den Kennedys benannte, fehlte sie bei der Einweihung.

Auch die Präsidenten Nixon, Ford, Carter, Reagan und Bush erhielten Absagen. Ihren Rückzug aus der Politik vollzog sie ganz bewußt. Ihrem Freund Charles Bartlett gegenüber erklärte sie im Dezember 1963: »Eines werde ich dir sagen, sie werden mich nie wie eine kleine, alte Witwe einsetzen, wie sie es mit Mrs. Wilson getan haben, als Präsident Wilson starb. Ich lasse mich nie so benutzen.« Ellen Wilson übernahm 1919 nach dem Schlaganfall ihres Mannes, Präsident Woodrow Wilson, die Regierungsgeschäfte bis 1921. Ein Sozialgesetz zur

Verbesserung der Lebensbedingungen in Slums wurde nach ihr benannt.

Besuche im Weißen Haus hätten schmerzhafte Erinnerungen geweckt. Ehrungen, Auszeichnungen, offizielle Auftritte oder gar ein Amt suchte Jackie nicht. Sie zog sich zurück, mied Politiker, Menschenmassen und Journalisten. Nur die private Bitte von Patricia Nixon, zusammen mit den Kindern zu Besuch zu kommen, nahm sie am 3. Februar 1971 an. Da hieß sie bereits Jackie Onassis. Caroline und John besichtigten das riesige Haus neugierig. Die Kinder erinnerten sich kaum an das einstige Zuhause.

Bei dem 46 Jahre jungen Präsidenten Bill Clinton änderte Jackie ihre Einstellung. Sie spendete mit Maurice Tempelsman für seine Kampagne und unterstützte ihn zusammen mit ihrem Sohn John bei den Vorwahlen in Massachusetts. Jackie lud Hillary Clinton im Juli 1992 zum Lunch in ihre New Yorker Wohnung ein und sprach mit ihr über das Problem, Kinder im Weißen Haus großzuziehen. Im August 1993 bat sie die Clintons in ihr Haus auf Martha's Vineyard. War auch Jackie Bill Clintons Charme erlegen, erinnerte sein jugendliches Auftreten sie an ihren ersten Mann, oder überzeugte sie das politische Programm? Sie wußte, Clinton sah in John F. Kennedy sein Vorbild.

Wieder privat

Jackie begann ganz allmählich ihr eigenes Leben zu führen. Sie reiste viel, zunächst in Begleitung von Familienangehörigen wie Robert und Edward Kennedy oder Lee und alten Freunden aus Washington. Dann setzte sie sich bewußt von der Kennedy-Familie ab. Etwa ab 1966 zeigten die Zeitungen eine neue Jackie: Die Siebenunddreißigjährige tanzte in New Yorks Clubs und wurde wie ihre Schwester eine Figur des internationalen Jet-sets. Ihr exklusiver Lebensstil schockierte die Öffentlichkeit; er paßte nicht zu dem Bild, das Jackie Kennedy selbst als First Lady und Witwe der ersten Jahre mitgeformt hatte.

Ein Problem war der fehlende Begleiter. Sie borgte sich Männer, bevorzugt Verheiratete oder Homosexuelle: den früheren amerikanischen Botschafter in Indien, John Kenneth Galbraith, den Historiker und Kennedy-Biographen Arthur Schlesinger, Camelot-Musical-Komponist Alan Jay Lerner, Leonard Bernstein, Rudolf Nurejew. Schauspieler wie Marlon Brando oder Anthony Quinn wechselten sich mit anderen Berühmtheiten ab. Die Medien dokumentierten oder erfanden ungezählte Affären. Und einige Ehefrauen meldeten sich empört zu Wort.

Im Mai 1965 war Jackie Kennedy mit ihren beiden Kindern in Begleitung von Lord Harlech bei Queen Elizabeth II. in London zu Gast gewesen. Die Königin zelebrierte damals eine Gedächtnisstunde für John F. Kennedy in Runnymede, Surrey, wo im Juni 1215 die Magna Charta unterzeichnet worden war. Lord Harlech hatte mit seiner Frau zu Kennedys Freundeskreis in Washington gezählt und John und Jackie wiederholt im Weißen Haus besucht.

Im Mai 1966 war Jackie zu Gast in Spanien und traf auf Bekannte aus Monte Carlo. Genüßlich hielten die Fotoreporter der Welt eine verstimmte Gracia Patricia von Monaco im Bild fest. Sie fühlte sich während eines Festes bei Herzog und Herzogin von Alba von der Kennedy-Witwe optisch ausgestochen. Aber die Journalisten kritisierten auch Jackies Besuch eines Stierkampfes. Ihr zweiundsechzigjähriger Begleiter in Sevilla, der spanische Botschafter im Vatikan, Antonio Garrigues, wurde in der Presse kurzfristig als Zukünftiger der Sechsunddreißigjährigen diskutiert.

Nur einen Monat später besuchte Jackie mit ihren Kindern und Lord David Harlech, dem früheren englischen Botschafter in Washington, Irland. Sie wollte Caroline und John das Land ihrer Vorväter zeigen. Harlech war überraschend Witwer geworden, und so lud sie ihn dazu. Er und seine Frau Sissie hatten ihr nach der Ermordung Johns beigestanden. Als Jackie dann im November 1967 mit Lord Harlech Kambodscha und Thailand bereiste, schien dem Blätterwald eine Hochzeit nicht mehr fern.

Jackie Kennedy und Lord Harlech besuchten das Krisengebiet Kambodscha in inoffizieller Mission. Die Situation war angespannt, auch wenn man auf offizieller Seite nachdrücklich die militärischen Erfolge der US-Truppen in den Vordergrund zu rücken bemüht war. General Westmore, Chef der US-Truppen in Vietnam, und Saigon-Botschafter Bunker informierten L. B. Johnson im November 1967: »Der Vietcong kontrolliere nur noch 2,5 Millionen der insgesamt 17,2 Millionen Südvietnamesen (gegenüber insgesamt 4 Millionen zwei Jahre

Jackie und
Lord Harlech
1967 in Kam-
bodscha

zuvor); der Vietcong habe in den vergangenen zwölf Monaten
nur noch 3600 Südvietnamesen pro Monat rekrutiert (7500 gut
ein Jahr zuvor); der Vietcong sei ausgeblutet und immer mehr
auf Truppen aus Hanoi angewiesen, das aber nur noch 5000
bis 6000 Mann pro Monat entsende (gegenüber 14 000 im Juni
1966).« So berichtete der ›Spiegel‹ vom 27. November 1967.
Dieser Optimismus war allerdings eine Verkennung bzw. pro-
pagandistische Verkehrung der tatsächlichen Verhältnisse.
Denn die US-Streitkräfte erlebten gerade ihre verlustreichsten
Schlachten.

Robert Kennedy war – im Gegensatz zu Präsident Johnson –
Gegner des Vietnam-Kriegs und wollte ihn so rasch wie möglich beenden. Der Versuch einer Vermittlung zeigt bereits seine politische Stärke in der Schlacht um die Präsidentschaft.
Die Regierung in Phnom Penh galt als Feind, da Prinz Noro-
dom Sihanuk die Vietnamesen unterstützte. Diskret sollte nun
ein diplomatischer Kontakt aufgebaut werden. Dank Jackie ver-

mutete die Weltöffentlichkeit keine außenpolitischen Bemü-
hungen, sondern sah die Präsidentenwitwe einmal mehr auf
Vergnügungsreise. Dabei wurde übersehen, daß sie mit einem
Militärflugzeug reiste. Ihre Pressesprecherin Nancy Tuckerman
hatte erklärt, Jackie erfülle sich einen Kindheitstraum. Doch
gewöhnliche Touristen – zumal amerikanische – erhielten im
Herbst 1967 für Kambodscha kein Visum. Prinz Sihanuk erklärte in eben dieser Zeit: »Ich biete den Vereinigten Staaten
die Wiederaufnahme der diplomatischen Beziehungen an –
aber nur unter der Bedingung, daß sie unsere Grenzen aner-
kennen und endlich damit aufhören, kambodschanisches Ho-
heitsgebiet von Vietnam her durch ihre Luft- und Landstreit-
kräfte zu verletzen.« (›Stern‹, 19. November 1967)

Jackie wurde in der kambodschanischen Hauptstadt zum
Staatsbankett gebeten, sie benannte mit Prinz Sihanuk eine
Straße in Sihanukville nach John F. Kennedy und besichtigte
die Tempelanlagen von Angkor Wat. Die asiatische Kultur
faszinierte sie. Aber sie mußte sich auch Sihanuks scharfe Kri-
tik an Amerikas Außenpolitik anhören. Er bestand auf einem
Rückzug aller Truppen und warf den USA vor, neokoloniale
Interessen zu vertreten. Die Friedensmission war gescheitert.

Ein halbes Jahr später reiste die Witwe mit dem Rechtsanwalt Roswell Gilpatric durch Mexikos Halbinsel Yucatán auf
den Spuren der Maya. Doch auch aus diesem Trip entwickel-

te sich trotz mancher
Gerüchte keine Ehe. Sie besichtigten Ruinen im Urwald
und ritten nachts an den ver-
lassenen Pyramiden vorbei.
Mit von der Partie waren
Journalisten von ›Women's
Wear Daily‹, die eine Serie
über Jackies Mexikoreise
schrieben. Sie erwähnten einen Flirt. Gilpatric soll von
einer Liebe gesprochen haben, die bereits im Weißen
Haus begonnen hatte.

Jackie mit Roswell Gilpatric

Im Februar 1970 wurden Briefe von Jackie Kennedy an Roswell Gilpatric öffentlich versteigert und in Zeitungen abgedruckt: »Lieber Ros – Ich hoffe, du weißt, was du für mich warst und bist und immer sein wirst. Mit aller Liebe, Jackie«. Sie hatte den Brief kurz nach ihrer Hochzeit 1968 mit Aristoteles Onassis auf Skorpios geschrieben und wollte dem alten Freund ihre plötzliche Heirat erklären. Der Brief löste Aristoteles' Eifersucht und Gilpatrics Scheidung von seiner dritten Frau im selben Jahr aus.

Als Jackie Kennedys Hochzeit mit Aristoteles Onassis schließlich – für die Öffentlichkeit überraschend – bekannt wurde, löste sie eine Welle des Zorns und der Kritik aus. Nur Schwiegermutter Rose Kennedy unterstützte die Pläne. »Er gefiel mir; er war freundlich, anregend und, um ein griechisches Wort zu verwenden, eine charismatische Persönlichkeit«, schrieb sie in ihren Erinnerungen. Ihre positive Haltung läßt sich jedoch auch damit erklären, daß die Kennedy-Familie nach einer Heirat nicht mehr für Jackies Rechnungen aufkommen mußte.

Jackie Onassis

1962 bis 1966 behauptete Jackie in Umfragen des Gallup-Instituts Platz 1 unter den Frauen, die die Amerikaner am meisten bewunderten. Dann warf sie das Image der Witwe ab wie ein zu eng gewordenes Kleid. Die Öffentlichkeit lehnte die lebenslustige Jackie ab. Als sie schließlich Aristoteles Onassis heiratete, sank ihr Ansehen dramatisch. Dennoch wurden ihre Schritte weiter beobachtet.

Onassis garantierte Jackie nach dem Mord an Robert Kennedy Halt und Geborgenheit. Sein Besitz versprach mehr Sicherheit als der Secret Service. Die ozeantaugliche Jacht »Christina« bot wie die Privatinsel Skorpios einen willkommenen Fluchtort vor der Öffentlichkeit, vielleicht sogar vor der Realität. Amerika empfand Jackie nur noch als Bedrohung – vor allem für die zehnjährige Caroline und den siebenjährigen John. Onassis war in den vergangenen fünf Jahren zum heimlichen Begleiter, dann zum Freund und Finanzberater, schließlich auch zum Ersatzvater geworden. Er bemühte sich um Jackies Kinder.

Frühe Begegnungen

Winston Churchill, Onassis' Freund und regelmäßiger Sommergast auf dessen Jacht, bat den Reeder im Sommer 1955, Senator John F. Kennedy mit seiner Frau einzuladen. Beide erholten sich im Kennedy-Feriensitz bei Cap d'Antibes. Churchill wollte den ambitionierten Amerikaner kennenlernen, dessen Vater Joe Botschafter in London gewesen war. Doch der achtzigjährige Churchill soll an jenem Abend dem Alkohol zugesprochen und sich gar nicht mit John F. Kennedy unterhalten haben. Die Eitelkeit des Senators war verletzt.

Jackie Kennedy und Aristoteles Onassis vertieften ihre flüchtige Bekanntschaft im Sommer 1963, als er sie mit Lee auf seine Jacht einlud. Jackies Sohn Patrick war kurz zuvor gestorben, und Onassis wollte spontan der Schwester seiner Geliebten helfen. Lee plante gerade die Scheidung von Stanislas Radzivill, um ihn zu heiraten. Zeitungen spekulierten bereits, ob der Reeder Schwager von John F. Kennedy würde – politisch eine gewagte Verwandtschaft. Onassis war in Amerika nicht willkommen.

Im Oktober 1953 war er in Amerika angeklagt worden, ausgemusterte Schiffe aufgekauft und illegal verschoben zu haben. Die Handelsschiffahrtsbehörde hatte ihm 14 Schiffe verkauft, die juristisch weiter unter ihrer Flagge fahren mußten. Onassis aber hatte sie billig übernommen, um ein lukratives Geschäft abzuschließen. Ein Verfahren setzte ein; Onassis zahlte 1956 7 Millionen Dollar Strafgeld und war in den USA vorbestraft. Sein krimineller Ruf verfestigte sich, als er mit der Militärdiktatur Papadopoulos' und mit den argentinischen Militärs Geschäfte machte, zudem verstieß er gegen das Kuba-Embargo.

Mit seinem Monopol auf das Verschiffen saudi-arabischen Öls brachte Onassis die US-Reeder viele Jahre um wertvolle Einnahmen. Der damalige Präsident Kennedy protestierte gegen die Einladung; doch Jackie nahm 1963 keine Rücksicht auf die Politik. Sie wollte sich ablenken: vom Kindstod, von Washington, von ihrer Ehe.

Ankunft Jackies und ihrer beider Kinder auf Skorpios

Um Gerüchten zuvorzukommen, fungierten Franklin Roosevelt Jr., Unterstaatssekretär im Handelsministerium, samt Frau Suzanne als offizielle Begleiter der First Lady. Zu Beginn der Reise war sogar Stanislas Radzivill an Bord. Der Eindruck eines Jet-set-Törns sollte unbedingt vermieden werden. Sie kreuzten durch die Ägäis: von Istanbul zur Insel Lesbos, weiter nach Smyrna, der Heimat Onassis', nach Kreta und schließlich auf die Privatinsel Skorpios. Jackie hatte den Gastgeber gebeten, ihnen sein Land zu zeigen. Zum Abschied verteilte Onassis Schmuckstücke. Lee reagierte eifersüchtig auf die offensichtliche Bevorzugung Jackies. Unter den Schwestern entbrannte ein Konkurrenzkampf.

Unter der Überschrift »Onassis. Unter fremder Flagge« schrieb der ›Spiegel‹ über die amerikanische Präsidentengattin: »In Jacqueline Kennedy, die einen Urlaub in Griechenland verbrachte, hat der Tankerkönig, der zuvor schon um seine Tafel versammelten Kollektion politischer, künstlerischer und adliger Prominenz das zweifellos kostbarste Stück hinzugefügt.« (16. Oktober 1963)

Wie nah sich Jackie und Ari, wie ihn Freunde nannten, in diesem Sommer kamen, können Außenstehende nur ahnen. Jackie war für den Charme des Griechen so empfänglich wie für den Luxus auf der »Christina«. Auf dieser Jacht arbeiteten 40 Mann Besatzung. Onassis bewohnte die Luxussuite; für Gäste standen neun Doppelkabinen bereit. Marmorbäder mit Goldarmaturen, ein Kamin aus Lapislazuli, Antiquitäten und Gemälde im Salon sowie ein Swimmingpool versprachen Luxus. Ein Kinoraum, Kinderzimmer und sogar ein Operationsraum befanden sich an Bord. An Deck stand ein Wasserflugzeug. Wahrscheinlich war Aristoteles Onassis der einzige, der seinen Freunden Barhocker bespannt mit der Vorhaut von Walen anbieten konnte. Walzähne dienten als Fußstützen. Onassis beteiligte sich aktiv am Walfang.

Aristoteles Sokrates Onassis

Der Sohn griechischer Eltern aus dem türkischen Smyrna startete seine Karriere 1923 mittellos in Argentinien. Er war vor dem griechisch-türkischen Krieg in seiner Heimat geflohen und hatte mit dem letzten Familiengeld noch seinen Vater, einen einst wohlhabenden Tabakhändler, aus dem Gefängnis freikaufen können. In Südamerika verdiente er die ersten Pesos mit Tabakhandel und Börsenspekulationen, dann profitierte er – wie Joe Kennedy – vom Alkoholschmuggel während der Prohibition bis 1933 und baute sukzessive seine Tankerflotte auf. Er ließ sie steuerlich vorteilhaft in Panama registrieren. Als Onassis sich 1963 für Jakkie Kennedy interessierte, besaß er die Insel Skorpios, eine 100-Meter-Luxusjacht, eine

Aristoteles Sokrates Onassis

Fluglinie, zahlreiche Häuser und ein Penthouse in der Pariser Avenue Foch 88, angefüllt mit Antiquitäten. Bis 1967 hielt er sogar die Mehrheitsanteile am Casino von Monte Carlo. Die Schätzungen seines Vermögens erreichten am Ende seines Lebens 1 Milliarde Dollar.

Aristoteles Onassis hatte nach den Aufbaujahren in Argentinien zunächst mit seiner Lebensgefährtin, der norwegischen Reederstochter Ingeborg Dedichen, in New York gelebt. Am 28. Dezember 1946 heiratete er die siebzehnjährige Athena Livanos, genannt Tina, Tochter des damals reichsten Griechen. Nachdem ihre Schwester Eugenie Stavros Niarchos geheiratet hatte, war Onassis Schwager seines Hauptkonkurrenten. Am 30. April 1948 wurde Sohn Alexander, am 11. Oktober 1950 Tochter Christina geboren. Die Ehe hielt bis 1960, doch schon seit 1957 liebte Onassis die Operndiva Maria Callas. Affären mit Lita Grey Chaplin, der geschiedenen Frau Charlie Chaplins, Stummfilmstar – und einstige Geliebte Joe Kennedys – Gloria Swanson sowie Evita Perón werden ihm nachgesagt. Onassis nahm Frauen als schmückendes Beiwerk wahr, nie als Partnerinnen. Nur Maria Callas vertraute er Geschäfte und Sorgen an.

Er stand im Ruf, vulgär und brutal zu sein. Frauen zu schlagen bezeichnete er als griechische Sitte. Viele bewunderten den 1,58 Meter kleinen Griechen für seine Erfolge. Er war nicht unattraktiv – trotz der breiten Nase und der Tränensäcke. Er wirkte sehr vital und gab sich charmant. Bei einer Beurteilung dürfen seine Intelligenz und chamäleonartige Anpassungsgabe nicht unbeachtet bleiben. Er ging auf Gesprächs- wie Geschäftspartner intensiv ein und sprach mehrere Sprachen perfekt. Aristoteles Onassis war ein begnadeter Unterhalter, der Frauen in seinen Bann zog.

Diskrete Brautschau

Jackie Kennedy hatte Onassis 1963 zur Beerdigung eingeladen. Er erlebte die lärmende Trauerfeier der Familie nach irischer Sitte und tröstete die Witwe unbemerkt von der Öffentlichkeit. 1968 ging er nicht zu Robert Kennedys Beerdigung; seine Anwesenheit am Grab hätte die Gerüchte um das Paar nur angeheizt. Aber er blieb in Jackies Nähe.

Einige Jahre waren ihre Treffen unbeobachtet geblieben. Der ältere Grieche fiel unter den wechselnden Begleitern der Präsidentenwitwe nicht als Hauptperson auf. Dann wurden Fotoreporter in New York fündig: Im Frühling 1967 feierte Jackie mit Aristoteles und seinen Gästen im Restaurant Mykonos. Im Sommer darauf erkannte man sie auf Wasserskiern vor Skorpios. Als sie anschließend mit ihren Kindern in Hyannis Port die Ferien genoß, lief Maria Callas auf der Privatinsel in die Kamerasucher. Jackie mußte all ihre Männer teilen. Doch im Mai 1968 war sie erneut bei Onassis zu Gast. Mit der »Christina« unternahmen sie einen Karibiktörn um die Jungferninseln. Er soll ihr während dieser Reise den Heiratsantrag gemacht haben. Außer seiner Tochter wußte niemand von den Plänen. Und die siebzehnjährige Christina wehrte sich verzweifelt gegen eine Wiederheirat ihres Vaters.

Im Juni 1968, unmittelbar nach Robert Kennedys Ermordung, stellte Jackie den Zukünftigen ihrer Mutter und Stiefvater Hugh Auchincloss vor. Janet haßte Onassis; sie hatte ihn Anfang der Sechziger im Londoner Claridge's Hotel zu ihrem Entsetzen als Geliebten ihrer Tochter Lee erlebt. Im gleichen Sommer lernte er Rose und den gelähmten Joe Kennedy in Hyannis Port kennen. Hier war er willkommener. Jackie und Onassis' Athener Verwandte begegneten sich im August 1968 bei seiner Schwester Artemis Garofalidis. Ihr stand Jackie im

Lauf der Ehe am nächsten. Für die ältere, kinderlose Artemis wurde sie zu einer Ersatztochter. Jackie sollte sie nach Onassis' Tod ein letztes Mal besuchen.

Der Ehe zwischen Jackie Kennedy und Aristoteles Onassis stand einiges im Weg: vier Kinder zwischen sieben und 19 Jahren aus zwei Ehen, die katholische Kirche und die griechisch-orthodoxe Tradition. Jackie fürchtete die Exkommunikation. Doch Kardinal Richard Cushing, der sie 1953 mit John F. Kennedy vermählt hatte, sprach seinen Segen. Kritikern hielt der Würdenträger der katholischen Kirche entgegen: »Mein Rat an alle Menschen ist, hört auf, die arme Frau zu kritisieren. Sie hat eine enorme Menge Trauer in ihrem Leben erfahren und verdient alles Glück, das sie finden kann ... Sie wollte heiraten. Sie wählte ihren Partner für eine Heirat vor einigen Monaten. Sie kam zu mir, nachdem andere ihr von der Heirat abgeraten hatten. Ihr Verstand und ihr Herz sprachen für Mr. Onassis. Ich konnte und wollte mir nicht erlauben, ihre Meinung zu ändern. Ich sagte, sie könne heiraten, wen sie wolle.«

Der Vatikan wird Jackie Onassis dennoch die heiligen Sakramente nach der Hochzeit verweigern. Um ihren Kindern Repressalien zu ersparen, nahm sie sie vorsorglich von katholischen Schulen. 1963, das Jahr, in dem Jackie vom Catholic Welfare Council zur Frau des Jahres gewählt wurde, lag lange zurück.

Freier Vogel sucht sicheres Nest

Aristoteles Onassis charakterisierte Jackie als Vogel auf Nestsuche mit ausgeprägtem Freiheitsbedürfnis. Genau diese Kombination wollte er ihr in der Ehe bieten. Die Hochzeit gab Nancy Tuckerman drei Tage zuvor im Namen Janet Auchincloss' bekannt. Am 20. Oktober 1968, vier Monate nach Robert Kennedys Ermordung, war es soweit: Heirat auf Skorpios nach griechisch-orthodoxem Ritus. Hugh Auchincloss führte seine Stieftochter zum zweiten Mal zum Altar. Der Priester übersetzte die Zeremonie für Jackie ins Englische. Diesmal war die Braut 39 Jahre alt, der Bräutigam 62. Aristoteles Onassis trug einen grellblauen Anzug mit roter Krawatte, Jackie stach mit einem Valentino-Spitzenmini von ihm ab. Sie wirkte wie ein kleines Mädchen neben ihm. Die Privatkapelle Panayitsa –

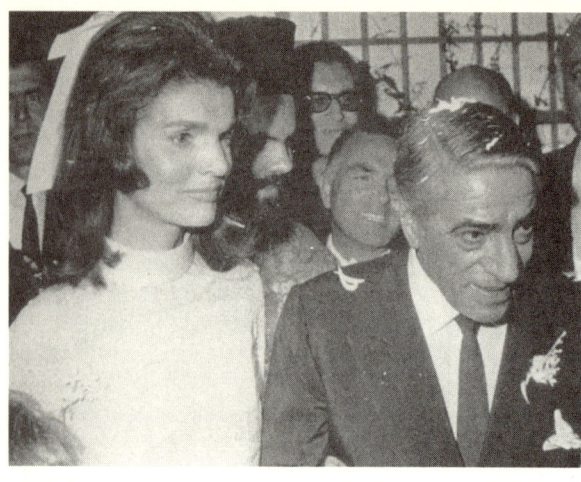

Jackie Kennedy und Aristoteles Onassis bei der Hochzeit 1968

der Name bedeutet kleine Jungfrau – schmückten weiße Kerzen, weiße und rosa Rosen.

Die deutsche Presse meldete: »Die First Lady aus dem Weißen Haus, als stolze Witwe von aller Welt bewundert, aber auch umlauert, heiratet nicht den spanischen Vatikan-Botschafter Antonio Garrigues und auch nicht den echten englischen Lord Harlech, an dessen Hand sie sich ›wie im Märchen‹ fühlte – und von den Meistern der schönen Künste Leonard Bernstein, Rudolf Nurejev, Truman Capote und Frank Sinatra zu schweigen. Sie heiratet den größten Tanker der Welt, Aristoteles Sokrates Onassis.« (›Spiegel‹, 21. Oktober 1968) Die Amerikaner lasen: »Vatikan: Mrs. Kennedy ist kein Kind, und daher weiß sie genau, was die Gesetze ihrer Kirche vorschreiben. Wenn sie also kein Kind ist und ihren Verstand nicht verloren hat, muß sie wissen, daß sie Mr. Onassis nicht legal heiraten konnte.« (›The Washington Post‹, 22. Oktober 1968)

Skorpios wurde während des gesamten Hochzeitstages von rund 200 Journalisten belagert. Gekommen waren sie in Fischerbooten vom nahen Festland. Onassis hatte den Fischern zwar verboten, am Tag seiner Hochzeit auszufahren, doch die Reporter kauften die Boote kurzerhand und setzten selbst über. Strand ist nach griechischem Recht kein Privateigentum; hier wollten sie dem Brautpaar und seinen Gästen auflauern. Onassis aktivierte die Marine, um den Strom von Neugierigen und

Kameraleuten zu stoppen. Drei Patrouillenboote fuhren frontal auf die Holzkutter los und rammten ein Schiff. Als es vollzulaufen drohte, rettete sich ›Stern‹-Reporter Randolph Braumann an den Strand von Skorpios, wo eigens angeheuerte Wachen den Journalisten ins Meer zurücktrieben. Kollegen retteten ihn.

Der Presse hatte Jackie am Hochzeitstag erklärt: »Wir möchten unsere Hochzeit privat in einer kleinen Kapelle unter den Zypressen von Skorpios erleben, nur mit Familienmitgliedern, darunter fünf kleine Kinder. Wenn Sie uns diesen Augenblick geben, werden wir gern so kooperativ wie möglich sein, damit Sie die Fotos machen können, die Sie brauchen.«

Die Gästeliste dieser spektakulären Hochzeit war kurz. Lediglich die vier Kinder nahmen mit wenigen Verwandten und Freunden an der Zeremonie teil. Lee und Stanislas Radzivill kamen mit ihren Kindern. Patricia Lawford und Jean Smith vertraten die Kennedy-Familie. Zur anschließenden Feier auf der »Christina« erschienen Onassis' Geschäftspartner und ausgewählte Militärs aus Athen. Dem deutschen Fotografen Robert Lebeck gelang es, das Paar dort aufzuspüren: »In einem Akt der Verzweiflung spazierte ich an das Schiff heran, enterte leise über die Gangway und öffnete die nächstbeste Kajüte … Vor Verblüffung wäre ich fast rückwärts über die Reeling gekippt: Direkt vor mir im Raum umarmten sich Jackie und Onassis, verliebt knutschend und so geistesabwesend, daß sie mich nicht bemerkten. Ich war so konsterniert, daß ich die Tür gleich wieder zuzog und den Rückzug antrat. Da hat mein Reporterinstinkt versagt.« (Robert Lebeck, ›Rückblenden‹)

Jackie vollzog den Schwenk von der Witwe eines demokratischen Präsidenten zur Frau eines skrupellos agierenden Reeders rasch. Ihr Hochzeitsgeschenk, ein Ring mit herzförmig geschliffenem Rubin im Brillantkreis nebst passenden Ohrringen für 1,25 Millionen Dollar, fand bei der Hochzeitsgesellschaft große Beachtung. Aber auch für die Gäste lohnte sich die Hochzeit: Onassis beschenkte sie mit Schmuck bzw. Uhren. Edward Kennedy blieb in Washington; er soll zuvor auf Skorpios den Brautpreis ausgehandelt haben. Danach sprach Onassis' engster Mitarbeiter Costa Gratsos nur noch von »Jackie dem Tanker«. Auch die Presse liebte diesen Vergleich.

Seriöse Quellen für die Existenz eines Ehevertrags existieren nicht. Zinsen aus dem Kennedy-Trust erhielt Jackie nach der

Hochzeit nicht mehr. Der Staat stoppte ihre Witwenrente. Ob ihr Onassis tatsächlich eine Garantie auf jährlich 150 000 Dollar gab, ist ebenso wenig bewiesen wie das Taschengeld von 30 000 Dollar. Laut Stelio Papadimitriou, dem Rechtsanwalt Onassis', erhielt Jackie einmalig knapp 3 Millionen Dollar. Damit verzichtete sie auf ein Erbe. Nach Onassis' Tod sollte sie jährlich 150 000 Dollar erhalten. Wie immer die Abmachungen hießen, das Onassis-Vermögen blieb seinen Kindern. Er veranlaßte sogar die griechische Regierung, das Erbschaftsrecht zu ändern: Ausländische Ehepartner haben in Griechenland seitdem kein Anrecht auf die gesetzlich garantierten 12,5 Prozent der Erbmasse.

Die Vorgängerin und Rivalin

Maria Callas verbrachte den Abend des 20. Oktobers 1968 auf einer Filmpremiere von Richard Burton und Elizabeth Taylor in Paris. Zur Hochzeit befragt, meinte sie, Jackie sei klug gewesen, ihren Kindern einen Großvater zu geben und einem ›Stern‹-Reporter gegenüber gab sie zu bedenken: »Ich glaube, daß jeder dazu geboren ist, eine Rolle zu spielen. Die Rolle der Präsidentenwitwe stand ihr großartig. Vielleicht war es ein Fehler, die Rolle zu wechseln.« (18. Januar 1970)

Die weltweit gefeierte Sopranistin hatte 1968, 20 Jahre nach dem Beginn ihrer Karriere, die Stimme eingebüßt – und den

Geliebten verloren. Nur um ihre finanziellen Angelegenheiten kümmerte er sich noch.

Der Grieche Aristoteles Onassis und die Griechin Maria Callas ähnelten einander. Beide waren aus dem Nichts emporgestiegen, beide verstanden den Ehrgeiz des anderen. Jackie kannte das Bewußtsein nicht, aus eigener Kraft eine Weltposition erreicht zu haben. Maria Callas

Maria Callas 1958

blieb die Vertraute, die ihn durchschaute: »Aristoteles ist besessen von berühmten Frauen. Er war besessen von mir, weil ich berühmt war. Und Jackie ist noch berühmter.« Doch das genügte langfristig nicht. Spätestens 1970 wird Onassis die Beziehung zu Maria Callas wieder aufnehmen und sich mit ihr in der Öffentlichkeit zeigen. Jackie reagierte auf diese Demütigung mit Einkaufsexzessen; die Presse rechnete ihr vor, pro Minute mehrere tausend Dollar auszugeben. Nach Alexanders Tod im Januar 1973 sahen sich Onassis und Maria Callas häufig. Am 15. August 1974, ihrem Namenstag, wird er auf die griechische Insel Petalio zu ihr fliegen, obwohl er bereits schwerkrank ist und kaum mehr gehen kann.

Vom Weißen Haus ins rosa Haus

Die Insel Skorpios liegt im Ionischen Meer nördlich von Ithaki vor der Westküste Griechenlands. 1963 kaufte Aristoteles Onassis das felsige Eiland mit seinen Olivenbäumen für 100 000 Dollar. Er ließ Straßen anlegen, zwei Häfen – einen exklusiv für die »Christina«, einen für die Jachten seiner Gäste – ausbaggern, sieben Gästehäuser und für sich selbst ein größeres Haus mit Swimmingpool errichten. Die Insel befindet sich noch heute im Privatbesitz der Familie, sie gehört der Tochter von Christina Onassis und Thierry Roussel. Dank Onassis' Einfluß ist die Insel auf keiner Landkarte verzeichnet.

Hier stand im Herbst 1968 ein frisch rosa gestrichenes Haus. Jackie richtete es mit Hilfe von Designer Billy Baldwin neu ein. Er hatte schon ihr Haus in Washington 1964 und ihr New Yorker Appartement ausgestattet. Der Stil für Skorpios: Landhaus am Meer, Terrakottafliesen und helle Flokatis auf den Böden, im Wohnzimmer ein Kamin. Sie schliefen unter Moskitonetzen. Griechische Holzmöbel und echte Gemälde vereinten sich hier zu einem originell eleganten Ambiente.

Jackies Freundin, die Landschaftsarchitektin Bunny Mellon, plante die Gartengestaltung rund um das rosa Haus und veränderte die tropische Bepflanzung. Jackie wollte ein natürlich wirkendes Paradies, einheimische Pflanzen und Bäume. Sie ließ Rasen einsähen, Büsche und Natursteine arrangieren. Onassis' Edelrosen ersetzte sie durch mediterrane Gartenblumen. Ihre Vorliebe für Veränderungen verprellte die langjährigen

Arbeiter auf der Insel. Skorpios galt als Domäne Onassis'. Jackie mischte sich ungebeten ein. Manche kündigten; wer widersprach, wurde von ihr entlassen. Onassis hatte sich seinen Angestellten gegenüber immer großzügig verhalten. Jackies Verschleiß an Personal ärgerte ihn.

Auf der Jacht griff Jackie ebenso ein; mit dem Portrait Athena Livanos Onassis im Salon konnte sie nicht leben. Der Luxus mochte beeindrucken, doch die protzige Ausstattung entsprach nicht ihrer Vorstellung von Eleganz. Sie kritisierte Aris Stil, seine legeren Anzüge, die Vorliebe für das schlichte Leben und sein Vergnügen an neureichem Prunk. Der Emporkömmling war bodenständig geblieben, er aß mit seinen Angestellten und saß in den von ihm geschätzten Dorftavernen stets am selben Holztisch. Vor der Hochzeit hatte Jackie nur den charmanten Plauderer, den Frauenliebhaber gesehen; den zuweilen barbarisch auftretenden Geschäftemacher nahm sie erst jetzt wahr.

Onassis wehrte Kritik ab; die »Christina« war sein Zuhause. Er schlief am liebsten an Bord. Hier lagen Wohnung und Büro nebeneinander. Von hier regierte er sein Imperium. Der Workaholic zog sich häufig mit Geschäftsunterlagen zurück; seine Berater ließ er bei Bedarf einfliegen. Dann störte Jackie; Onassis informierte sie nie über seine Geschäfte.

Zwischen Griechenland und New York

Die ersten gemeinsamen Wochen auf Skorpios dürfen wohl zu ihren erfülltesten gehört haben. Das Paar lebte in einem abgeschirmten Paradies. Zeugen bestätigen die Liebe und physische Anziehungskraft zwischen Jackie und Ari. Jackie las, aquarellierte oder fotografierte. Sie schwamm, fuhr Wasserski und lud Freunde ein: Edward und Rose Kennedy kamen, Lee reiste mit ihren Kindern an. Gemeinsame Freunde stammten aus Wirtschaft oder Showbusiness: die Familien Forbes und Rothschild, Gianni Agnelli, Richard Burton und Elizabeth Taylor, Liza Minelli, Frank Sinatra. Sie verkehrten schon vor der Heirat auf der »Christina«. Jackie kannte viele von ihnen aus dem Weißen Haus. »The Voice«, wie der Sänger von ›New York, New York‹ genannt wurde, lernte Jackie als Mrs. John F. Kennedy kennen. Er hatte den aufstrebenden Senator mit Sam

Giancana bekannt gemacht und 1960 für finanzielle Unterstützung des Wahlkampfs gesorgt. Jackie haßte Frank Sinatra als Kopf der »Rat-Pack«-Hollywood-Clique. Er hatte zusammen mit Peter Lawford hübsche Mädchen für John F. Kennedy besorgt. Bei ihrem zweiten Ehemann Onassis traf sie ihn wieder. Gerüchte, sie habe zwischen 1964 und 1968 eine Affäre mit ihm gehabt, sind fragwürdig.

Mit dem griechischen Ehemann stieg Jackies Interesse für die Geschichte und Kultur des Landes. Jetzt las sie griechische Mythen und Sagen, lernte einige Sätze Griechisch und suchte in Athen Antiquitäten für die Inselhäuser.

Mit Onassis' griechischen Geschäftspartnern freundete sich Jackie nicht an; bei ihnen verweigerte sie die Rolle der Gastgeberin und zog sich zurück.

Nach den Flitterwochen im Ionischen Meer flogen Jackie und Ari Richtung New York. Auf Jackie wartete eine Gedächtnismesse zum fünften Todestag von John F. Kennedy. Und Ethel Kennedy hatte ihr elftes Kind bekommen. Weihnachten verlebte das Paar mit den Kindern auf Skorpios. Danach jettete Jackie mit Caroline und John zurück nach New York; die Schule begann. Anschließend standen ein kurzes Shopping in Athen und ein Winterurlaub mit Lee in der Schweiz auf ihrem Terminkalender.

Die nächsten sechseinhalb Jahre pendelte Jackie O. zwischen Europa und Amerika. Zwar hatte sie sich längst vom Kennedy-Clan gelöst, doch ihre Wurzeln blieben hier: in New York, bei ihren Kindern, den kulturellen Höhepunkten, High-Society-Freunden wie Bunny und Paul Mellon. Außerdem war sie mit der Planung neuer John-F.-Kennedy-Gedenkstätten beschäftigt. Jackie war rastlos, sie suchte permanent Abwechslung – und Aristoteles Onassis zeigte zunächst für jeden Einfall Verständnis. Eine gemeinsame Adresse hatten die beiden nie. Hielt sich Jackie auf Skorpios auf, verbrachte Aristoteles meist nur wenige Tage mit ihr, dann riefen ihn Geschäfte nach Athen, Paris, London. In New York schlief er mehr im Pierre Hotel als in Jackies Appartement. Sie baute früh Distanz zu ihrem Ehemann auf.

Spätestens seit 1970 lebte Jackie den größten Teil des Jahres in New York oder reiste. Treffen mit Aristoteles wich sie aus. Nach der anfänglichen Verliebtheit sah sie um so deutli-

Im Central Park mit John Jr.

cher seine Schwächen und warf ihm niedere Herkunft, mangelnde Manieren, Brutalität, sein wüstes Fluchen und nicht zuletzt seine Kulturlosigkeit vor. An seinen Interessen – Geschäfte planen und Geld verdienen – nahm sie nicht teil.

Aristoteles Onassis sah keinen Grund für Kritik, er sah seinen Aufstieg positiv: ein selbstbewußter Selfmademan. Macht und Reichtum ließen ihn jedoch nie den Anfang vergessen. Jackies Verschwendungssucht und Geldgier verstand er nicht. Er investierte in immer wieder neue Geschäfte. Sie gab in immer wieder neuen Geschäften sein Geld aus. Beide konnten einander nicht verstehen – und das zum Teil wortwörtlich, denn Onassis war stets von griechischen Beratern umgeben. Jackie verstand kaum Griechisch. Das Ehepaar sprach Französisch oder Englisch miteinander.

Schon ihre Tagespläne paßten nicht zusammen: Onassis arbeitete bis spät in die Nacht und liebte Nachtclubs. Er schlief wenig und lebte für seine Arbeit. Jackie suchte Kultur und

Gespräche. Sie schlief lange und trieb morgens gern Sport, schätzte einsame Stunden – malte, las, schrieb. Onassis' Vorliebe für den Walfang stieß die Ästhetin und Tierfreundin ab. Doch selbst öffentliche Kritik hielt ihn nicht davon ab, die Wal-Schonzeiten zu mißachten und zu wildern. Onassis lebte nach seinen Regeln. Er pflegte keine Hobbys, war unsportlich und besuchte weder Theater noch Oper. Hörte er auf zu arbeiten, verlangte er Gesellschaft. Im Laufe der Ehejahre fühlte sich Aristoteles mehr und mehr von Jackie allein gelassen.

Jackie Onassis aktiv in Amerika

In den Jahren ihrer zweiten Ehe amüsierte sich Jackie Onassis nicht nur im Jet-set. Am 8. September 1971 öffnete das John F. Kennedy Center for the Performing Arts. Zum erstenmal seit Dallas erschien sie bei einem öffentlichen Ereignis in Washington. Leonard Bernstein, der alte Freund aus den Zeiten des Weißen Hauses, dirigierte das Symphonieorchester. Und Richard Nixon würdigte Jackies Verdienste um die amerikanische Kunstszene. 1973 bot ihr Karen Lerner für den Fernsehsender NBC eine Mitarbeit am Dokumentarfilm über Angkor Wat, Kambodscha, an. Sie kannte die Ruinenstadt von ihrer Reise 1967 und signalisierte Interesse. Doch Onassis verbot ein Engagement; seine Frau arbeitete nicht. Jackie gehorchte wie einst ihrer Mutter. Aber sie verfolgte und unterstützte weiterhin den Aufbau der Kennedy-Bibliothek in Boston. 1974 regte sie die Gründung des New Yorker International Center of Photography mit an. Der ›New Yorker‹, ein intellektuelles Stadtmagazin, veröffentlichte am 13. Januar 1975 einen Artikel von Jackie Onassis über die Eröffnung und den Gründer des Zentrums, Cornell Capa. Anfang 1975 wurde sie aktives Mitglied der New Yorker Municipal Art Society und begann den Kampf um die Bewahrung der Central Station in Manhattan.

Kinder und Familie

Alexander Onassis, bei der Hochzeit 19 Jahre, und Christina, 17, stellten sich vehement gegen diese Verbindung. Beide hatten lange auf eine Versöhnung ihrer Eltern gehofft. Für Christina war die Stiefmutter Mitgiftjägerin. Sie fürchtete, ihren

Vater zu verlieren, den sie die Kindheit hindurch viel zu selten um sich gehabt hatte. Zudem fühlte sich der Wildfang der eleganten Amerikanerin gegenüber unsicher. Auf Aris Wunsch versuchte Jackie, den Teenager ins New Yorker Gesellschaftsleben einzuführen und zu zivilisieren. Doch die ungleichen Frauen kamen einander nicht nahe und tolerierten sich nur mühsam. Christina nannte Jackie »kyria« – griechisch für »gnädige Frau«. Jackie sah in der Stieftochter ein übergewichtiges Trampel.

Alexander zog kurz vor der Hochzeit aus Glifada ins Athener Hilton Hotel, um nicht mit Jackie unter einem Dach schlafen zu müssen. Onassis hatte das Haus an der Küste bei Athen für seine Schwester gekauft und nutzte es selbst als Wohnort, wenn er nicht auf der Jacht oder auf Skorpios lebte. Die Situation seiner Kinder mußte ihm vertraut erscheinen; auch er hatte als Jugendlicher nach dem frühen Tod der Mutter die Stiefmutter Helen als Eindringling betrachtet. Doch Onassis kümmerte sich kaum um die beiden.

Jackie konnte den Jugendlichen keine Familie aufbauen; sie suchte selbst Halt und Schutz. Mit elf Jahren hatte sie die Scheidung ihrer Eltern erlebt, mit 13 die Wiederheirat ihrer Mutter. In den Ferien mußte sie sich mit den jungen Freundinnen ihres Vaters arrangieren. Ihre eigenen Kinder waren mit knapp sechs und drei Jahren Halbwaisen geworden. Sie kannte weder eine glückliche Kindheit noch eine intakte Familie.

Der Kontakt zwischen dem zweiundsechzigjährigen Onassis, Caroline und John verlief dagegen harmonisch. Der Stief-

vater hatte Verständnis dafür, daß sich die Kinder erst an ihren neuen Vater gewöhnen mußten. Aristoteles Onassis' Pressestatement zu seiner Ehe und neuen Familie war eindeutig: »Sie [die Kinder] brauchen Zeit, um zu verstehen, daß ihre Mutter wieder geheiratet hat und daß ich ihr Freund sein und

Aristoteles Onassis mit John Jr.

ihren Vater, den ich so sehr bewundert habe, nicht ersetzen will. Ein Vater kann nicht ersetzt werden, besonders nicht einer wie John Kennedy. Ich wünsche mir nur, daß sie mich als besten Freund betrachten. Das ist ein anderer Grund, warum es meiner Meinung nach eine gute Idee ist, daß Jackie Zeit allein mit den Kindern verbringt.«

Er kümmerte sich aufmerksam um die Kinder, verwöhnte sie mit Geschenken, schaffte auf Skorpios sogar Ponys an, obwohl er Pferde haßte, und ging mit ihnen fischen, segeln oder Speedboot fahren. In New York saß er unter den Eltern, wenn die Kinder ein Theaterstück in der Schule aufführten. Seine Angestellten waren angewiesen, ein wachsames Auge auf Caroline und John zu werfen – unabhängig von den allgegenwärtigen Secret-Service-Agenten. Bis zu ihrem 17. Geburtstag stellte der Staat die Bewachung für John F. Kennedys Kinder.

Die vier Kinder aus zwei Kulturen verstanden sich jenseits aller Sprachbarrieren und Konflikte. Christina empfand mütterliche Gefühle gegenüber den kleineren Stiefgeschwistern; sie verbrachte viel Zeit mit ihnen auf Skorpios.

Am 22. Januar 1973 kam Aristoteles' Sohn Alexander bei einem Flugzeugabsturz ums Leben. Trotz aller Streitereien mit dem Vater und offensichtlicher Erfolglosigkeit im Beruf hatte er das Imperium erben sollen. Aristoteles reagierte geschockt; schlagartig verlor er Lebensfreude und Kampfkraft. Er klagte nun verstärkt über Jackies Gefühllosigkeit. Sie war keine Partnerin geworden. Er verfiel in Depressionen, trank unmäßig und verbrachte Stunden allein am Sarkophag seines Sohnes auf Skorpios. Christina klammerte sich mehr denn je an den Vater.

Anlaß für einen Skandal bot Jackies Verhalten gegenüber Edith Beale, der Schwester ihres Vaters, und deren Tochter Edie. Edith war im Alter geistig verwirrt und wohnte mit zahllosen Katzen in ihrem verkommenen Haus Grey Gardens in East Hampton. Die Beales hatten weder Heizung, Strom noch eine funktionstüchtige Toilette und ernährten sich von Abfällen. Jackie verweigerte jede Hilfe. 1969 unterstützte Onassis die beiden Frauen, nachdem ihr Schicksal publik geworden war und die Behörde drohte, das Haus zu räumen. Er mochte die schrulligen Alten. Edith sang ihm am Telefon Opernarien vor.

Ihrer Mutter wird Jackie dagegen 1976 finanziell helfen, als Hugh Auchincloss stirbt und sie Hammersmith Farm verkaufen muß. Sie legt auf Janets Namen 1 Million Dollar an. Die Zinsen garantieren ihr ein angenehmes Leben, bis sie sich noch einmal in ihrem Sinn absichert: 1979 heiratet Janet mit 70 ihre Jugendliebe, den Investmentbanker Bingham W. Morris.

Geldsorgen und andere Nöte

Im Oktober 1973 machte die weltweite Ölkrise Tanker schlagartig überflüssig. Gleichzeitig schrieb Onassis' Fluglinie Olympic rote Zahlen; im Januar 1975 mußte er die Airline an den griechischen Staat abtreten. Das ehrgeizige Projekt Omega, eine Ölraffinerie, war sowohl in Griechenland als auch an der amerikanischen Ostküste nicht zu realisieren. Im Olympic Tower in New York standen Wohnungen und Büros leer, die erhofften Gewinne blieben aus.

Aristoteles Onassis fühlte sich einsam mit all den Sorgen; er schmiedete Scheidungspläne. Jackies Geldverschwendung, ihre Egozentrik und mangelnde Bereitschaft zu einem gemeinsamen Leben stießen ihn ab. Laut Geraldine Spreckles Fuller, einer früheren Freundin Onassis', bot er ihr eine hohe Abfindung. Doch sie lehnte ab. War es Stolz, Angst vor einem weiteren Medienskandal oder Furcht vor Prestigeverlust? Jackies Leben spielte sich längst ohne Onassis ab – aber nicht ohne sein Geld.

Jackie brauchte Sicherheit. In beiden Ehen hatte sie emotionalen Halt gesucht, der ihr versagt blieb. Schon als Kind fühlte sie sich zwischen Vater, Mutter und Großvater hin und her gezogen. Die Presse hetzte sie als Mrs. Onassis mehr denn je. Eine Lebensaufgabe besaß sie nicht. Es blieben Reisen, Jet-set-Events, Shopping, die Ausstattung diverser Häuser. Hektisch wechselte sie ihre Aufenthaltsorte. Bei Modeschöpfern orderte sie en gros. Jackie rauchte exzessiv, kaute seit ihrer Jugend an den Nägeln und hielt permanent Diät. 1971 und 1972 magerte sie so ab, daß Zeitschriften eine Krankheit vermuteten. Freunde berichteten von Bulimie-Anfällen. Ab 1960 nahm sie – vermutlich bis 1975 – Amphetamine. Die Aufputschmittel wirken u. a. wie Appetitzügler.

Anfang 1974 ließ Onassis seinen Anwalt Stelio Papadimitriou einen Scheidungsvertrag ausarbeiten, aber er trieb die Trennung nicht energisch voran. Jackies Geldgier schreckte ihn; er wollte sein Imperium für die Tochter zusammenhalten. Mit

Hilfe von Costa Gratsos streute er Gerüchte über Jackies Ein-
kaufssucht aus: Sie habe 30 000 Dollar Taschengeld pro Monat,
verbringe ihre Tage in Kaufräuschen und biete Haute-Couture-
Kleider bei Encore in New York zum Wiederverkauf an, um
Bargeld zu bekommen. Die Zeitungen griffen die Geschichten
begierig auf, vergaßen aber zu erwähnen, daß einmal getra-
gene Abendroben meist in Secondhandboutiquen enden. Und
die Schlagzeile »Jackie O. im alten Kleid« hätte Onassis' Ansehen nur geschadet. Sie sollte durch die negative Presse her-
abgesetzt werden, um bei einer Scheidung benachteiligt zu sein.
Wo die Verleumdung beginnt und wo das abnorme Verhalten
einer unzufriedenen Frau endet, ist nicht zu klären.

Im Frühjahr 1975 hatte Jackie Onassis noch andere Sorgen.
Denn in Amerika war Dr. Jacobson angeklagt, das Drogenge-
setz umgangen zu haben. Auf der Liste seiner Patienten standen
seit 1960 auch Jackie und John. F. Kennedy. Im Mai 1975 fand
eine Anhörung statt. Jackie hatte Jacobson zuvor beschworen,
nichts über die Jahre im Weißen Haus auszusagen. Er hielt Wort.
Einmal mehr war das wankende Image von Camelot gerettet.
Noch im selben Jahr wurde Jacobson die Approbation entzogen.

Krankheit, Tod, Erbprozesse

Ende 1973 stellten die Ärzte bei Aristoteles Onassis Myasthenia
gravis fest. Der Muskelschwund löste Erschöpfung und chro-
nische Müdigkeit aus, er verhinderte eine Kontrolle über die
Gesichtsmuskeln. Die Augenlider fielen permanent herunter.
Die Krankheit ließ sich nicht aufhalten. Ein Jahr später kamen
Unterleibsschmerzen hinzu. Am 6. Februar 1975 flog Aristoteles mit seiner Tochter Christina und Jackie nach Paris in die
Klinik. Er wog noch 70 Pfund. Am Eingang des Krankenhauses
Neuilly-sur-Seine lauerten Fotoreporter auf den Sterbenden.
Zwei Tage später wurde seine Gallenblase entfernt. Die Operation war riskant, da die regelmäßigen Kortisongaben gegen
den Muskelschwund seine Abwehrkräfte geschwächt hatten.
Eine Lungenentzündung führte am 15. März zum Tod. Jackie
erfuhr davon in New York. Sie war Ende Februar zur Vorfüh-
rung des ersten Dokumentarfilms ihrer Tochter für NBC dorthin geflogen, nachdem die Ärzte ihr versichert hatten, Onassis
erhole sich. In Manhattan gab sie eine Pressekonferenz zur Re-

Jackie mit Stieftochter Christina auf dem Weg zu Onassis' Begräbnis

staurierung der Central Station. Maria Callas soll in dieser Zeit für einen letzten Abschied ans Krankenbett von Onassis gekommen sein.

Zurück in Athen, gab Jackie im März 1975 ein Pressestatement zum Tod ihres zweiten Ehemanns ab: »Aristoteles Onassis rettete mich zu einer Zeit, als dunkle Schatten auf mein Leben fielen. Er hat mir viel bedeutet. Er führte mich in eine Welt des Glücks und der Liebe. Wir haben viele schöne Erfahrungen geteilt, die ich nie vergessen und für die ich ewig dankbar sein werde.«

Aristoteles Onassis wurde neben seinem Sohn Alexander auf Skorpios begraben. Auf dem Athener Flughafen hatte Jackie Christina eingehakt, und Beobachter mochten glauben, sie hätten durch den Tod zusammen gefunden. Doch beim Gang zum Grab drängte Christina mit ihren Tanten Artemis und Calirrhoë Jackie weit nach hinten in den Trauerzug. Der Kampf um das Erbe war eröffnet.

Der Reeder hatte sein weltweit angelegtes Vermögen im wesentlichen zwischen Christina und einer Stiftung zu Ehren seines verstorbenen Sohnes aufgeteilt. Krankenhäuser, Schulen und Forschungsinstitute sollten unterstützt werden. Dieses für Onassis ungewöhnliche soziale Engagement wird Jackies Einfluß zugeschrieben; sie hatte ihm den amerikanischen Gedanken der Wohltätigkeit vermittelt, sich selbst damit jedoch um ein Erbe gebracht. Mit kleineren Summen bedachte er seine Schwestern und treue Mitarbeiter. Jackie sollte 250 000 Dollar jährlich erhalten, wovon 50 000 Dollar für ihre minderjährigen Kinder gedacht waren.

Dieses Testament fochten Jackie und Christina Onassis gleichermaßen an: Die Tochter verschaffte sich in zähen Prozessen die ungeteilte Macht über das Imperium. Jackie erhielt schließlich 20 Millionen Dollar plus 6 Millionen für die Erbschaftssteuer. Dafür verzichtete sie auf Skorpios und die Jacht.

Am 2. Juli 1975 heiratete Christina Onassis Alexander Andreadis in Glifada. Sie lud die verhaßte Stiefmutter ein – und Jackie kam mit ihren Kindern. Vier Monate nach Aristoteles' Tod präsentierten sie der Öffentlichkeit das Bild einer intakten Familie. Zeitgleich lief ihr Prozeß um die Erbaufteilung. 1984 besuchte Christina Jackie in New York mit Thierry Roussel kurz vor ihrer vierten Hochzeit. Zwar hatte sie sich nie mit ihrer Stiefmutter ausgesöhnt, doch ein exklusives Vorzeigeobjekt war sie allemal.

Die Lektorin

Jackie wurde nach Onassis' Tod mit 45 Jahren zum zweiten Mal Witwe. Sein Sterben hatte sich abgezeichnet, er war 69 Jahre alt und schwerkrank gewesen. Die seit sechseinhalb Jahren bestehende Ehe war zur Farce verkommen. Psychisch ist ihre Situation nicht mit derjenigen vom November 1963 vergleichbar. Auch finanziell sah ihre Lage besser aus. Ihre Kinder waren 17 und 14 Jahre alt – selbständige Teenager. Jackies Leben brauchte einen neuen Sinn. In diesem Augenblick, in dem sie zum ersten Mal frei über Millionen Dollar verfügte und selbst nach den Maßstäben ihrer Mutter Janet »wirklich reich und nicht nur reich« war, suchte sie Arbeit.

Auf eigenen Füßen

Als äußeres Zeichen des neuen Lebensabschnitts nannte sie sich Jacqueline Bouvier Onassis, Briefkürzel JBO. Wollte sie als Witwe den Namen Onassis nicht ablegen? Hielt Respekt vor dem Toten oder Stolz auf die Ehe mit einem der Reichsten dieser Welt sie zurück? Spielte Machtdenken gegenüber Stieftochter Christina eine Rolle? Es ist nicht bekannt. Diese Frau nahm jedenfalls ihr Leben in die Hand. Sie suchte eine interessante Tätigkeit, fand Kontakt zu neuen Menschen und knüpfte an ihre ureigenen Interessen an: Kultur, Literatur, Umgang mit Autoren. Ihrem Wohnsitz seit 1964 blieb sie treu: Jacqueline war New Yorkerin. Und sie wird sich für ihre Stadt einsetzen.

Die erste Veränderung war ihr Rückzug aus dem Jet-set. Onassis' Vorliebe für Nachtclubs hatte sie nie geteilt. Das Leben allein ängstigte sie nicht mehr. Die Einkaufsexzesse hörten auf. Sie besann sich auf Lebensinhalte, die sie für beide Ehemänner unterdrückt hatte, und machte sie zum Beruf. Nach wie vor malte und zeichnete sie. Ab 1977 kam zweimal wöchentlich ihre Yoga-Lehrerin Tillie Weitzner ins Haus. Es ist wahrscheinlich, daß Jacqueline mit Yoga-Asanas, vorgeschriebenen Körperhaltungen und Konzentrationsübungen, in sich selbst endlich Halt fand. Sie wirkte jünger, gesünder und psychisch gefestigter. Laut Biograph Lester David besuchte sie zweimal wöchentlich einen Psychiater – fast schon eine Selbstverständlichkeit für eine New Yorkerin. Seit dem Attentat in Dallas quälten sie wiederkehrende Alpträume. Jacqueline gab zu, noch immer keine Bilder von John F. Kennedy ansehen zu können.

Sie trainierte regelmäßig im Prominenten-Fitneß-Club »Vertical Club« in der 60. Straße, joggte fast täglich um das Wasserreservoir im Central Park, das die Stadt 1995 nach ihr benannte, lief Ski in Aspen und Wasserski vor der Küste von Martha's Vineyard oder in der Karibik. Klimatische Extreme verkraftete sie gut, und ein Segeltörn unmittelbar nach den Skiferien bedeutete einen besonderen Reiz. In ihrer Freizeit spielte sie Tennis, und an langen Wochenenden ritt sie die eigenen Pferde. Auch an Fuchsjagden nahm sie bis ins Alter begeistert teil. Dazu fuhr sie im November und März nach Middleburg in Virginia, wo sie ab 1986 im Frühjahr und Herbst für einen Monat ein kleines Haus mit Pferdeställen mietete.

Viking Press

Letitia Baldridge, Jacquelines Schulfreundin und Privatsekretärin im Weißen Haus, riet ihr zur Arbeit in einem Buchverlag. In dieser Branche würde sich eine ansprechende Aufgabe für die kulturell Interessierte finden. Doch Jacqueline hatte noch nie einen Text lektoriert, kaum in einem Büro gearbeitet. Ihre erste und letzte Angestelltenstelle lag 22 Jahre zurück. Aber sie kannte Thomas Guinzburg, den Verleger von Viking Press, seit ihrem Studienjahr in Paris. Ihm schilderte sie die Idee.

Für den finanzschwachen Kleinverlag inmitten der New Yorker Branchenhaie war Jackies öffentliches Renommee das PR-Geschenk; Guinzburg willigte ein. Sie sollte für Viking bekannte Autoren gewinnen, Prominenten die Memoiren entlocken. Sie selbst verstand ihre Verlagstätigkeit auch als Entwicklung: »Bevor ich heiratete, arbeitete ich bei einer Zeitung. Die Arbeit als Journalistin schien auf ideale Weise beides zu vereinen: einen Beruf zu haben und die Welt zu erleben, besonders für jemanden mit Sinn für Abenteuer. Ich würde den Beruf heute nicht wählen – Journalismus bedeutet Abwechslung, erlaubt aber nicht, tiefer in verschiedene Gebiete einzudringen wie es das Buchverlegen gestattet ...« (›Ms‹, März 1979). Und in einem anderen Interview bekannte sie mit dem ihr eigenen Enthusiasmus: »Ich liebe Bücher. Ich habe mein Leben lang Schriftsteller gekannt. Ich fühle mich angezogen von Büchern, die außerhalb unserer gewöhnlichen Erfahrungen spielen. Bücher über andere Kulturen, alte Geschichten. Ich interessiere mich allgemein für Kunst, besonders für kreative Prozesse. Ich höre fasziniert zu, wenn Künstler über ihr Handwerk sprechen. Für mich bedeutet ein wunderbares Buch eine Reise ins Unbekannte.« (›Publisher's Weekly‹, 19. März 1993)

Jacqueline begann im September, ein halbes Jahr nach Onassis' Tod, bei Viking Press als »Beraterin im Lektorat« mit einem Anfangsgehalt von 10 000 Dollar per anno. Parallel lief der Prozeß gegen Stieftochter Christina um das Millionenerbe. Vier Tage die Woche wird sie arbeiten; der Vertrag garantierte Freizeit für ihr geliebtes Landleben. Ein Taxi brachte sie aus Uptown Manhattan zum Verlag in die Hudson Street 375, Greenwich Village. Sie fuhr von einer Welt in die andere.

Aber das Einarbeiten gestaltete sich mühsam. Jacqueline kannte die Routinearbeit eines Verlags nicht. Sie war belesen, aufgeschlossen und das Gespräch mit Schriftstellern gewohnt. Sie besaß ein Auge für ansprechende Präsentation und entwickelte Kreativität. Ihre Ideen erwiesen sich jedoch als wenig marktgerecht. Kriterien für absatzträchtige Bücher kannte sie nicht. Sie spürte keine Trends auf. Hinzu kam die Scheu der Mitarbeiter. Wie sollte man mit der Berühmtheit umgehen? Hier hatte eine internationale Größe mit Hilfe von Beziehungen einen der raren Lektoratsstühle ergriffen, doch ihre Arbeit ließ immer wieder die notwendige Professionalität vermissen. Diese Situation erzeugte Unmut.

Jacqueline konzentrierte sich auf Bildbände, aufwendig illustrierte Coffee-Table-Books. Ein Band mit alten Daguerreotypien Präsident Lincolns entstand. Die Freundschaft mit Diana Vreeland nutzte sie, um einen Bildband über das Rußland der Zarenzeit zu publizieren: ›In the Russian Style‹. Diana Vreeland hatte als Leiterin des Modeinstituts im Metropolitan Museum eine Ausstellung über russische Hofkleidung organisiert. In einem Aufsatz schrieb Jackie: »Diana Vreeland, sehnig, mit schwarz gelacktem Haar, sieht aus wie eine Hohepriesterin, die

Bei der Arbeit bei Viking Press

sie in gewisser Weise auch ist, und ihr Tempel befindet sich auf der untersten Ebene des Metropolitan Museum of Art ... ›Jahrmarkt der Eitelkeiten bedeutet Gesellschaft, mit ihren Eigenheiten, ihren Schwächen, ihrer Pracht‹, fährt sie [Diana Vreeland] fort. ›Gesellschaft besitzt Pracht. Es ist etwas, um das sie die Welt beneidet, Mitglied der Gesellschaft zu sein. Was bedeutet schon Geld, wenn man nicht Teil der Gesellschaft ist.‹« (›Ein Besuch bei der Hohenpriesterin des Jahrmarkts der Eitelkeiten‹).

Daneben betreute Jacqueline Sachbücher und Romane; ihr gefielen historische Themen. Da sie Klatsch liebte, hatte sie ihren ganz persönlichen Spaß an einem Roman über Jeffersons Geliebte Sally Hemings.

Im Sommer 1977 verließ Jacqueline Viking Press, nachdem der Verlag Jeffrey Archers Roman ›Shall We Tell the President?‹ veröffentlicht hatte. Er beschreibt ein fiktives Attentat auf Edward Kennedy. Es wurde darüber spekuliert, daß sich Jacqueline im Gewissenskonflikt zwischen ihrer Rolle als Angestellter und als Verwandte sah – obwohl sie an dem Projekt nicht gearbeitet hatte. Andere stellten fest, Jacqueline habe den Verlag erst verlassen, nachdem der Roman als geschmacklos verrissen worden war. Was auch immer ihre Motive waren, das Arbeitsklima bei Viking erwies sich für sie als nicht optimal. Sie hatte Fehler im Auftreten nicht verhindern können und war nicht in das Team integriert. Der Skandal bot die Gelegenheit, das Haus ohne offene Auseinandersetzung zu verlassen.

Doubleday im Random House

Jacqueline sprach im Sommer 1977 mit Lisa Drew, Lektorin bei Doubleday, über eine Zusammenarbeit. Ihre langjährige Vertraute Nancy Tuckerman arbeitete bereits in diesem Verlag. Und Jacqueline kannte John Sargent, den Verleger. Mit ihm verhandelte sie den Vertrag für eine Drei-Tages-Stelle und 20 000 Dollar Jahresgehalt.

John F. Kennedy hatte den Grundstein zu einer Karrierechance für Frauen in den USA gelegt, indem er Esther Peterson die Führung des Women's Bureau anvertraute. Sie konnte ihn von der Notwendigkeit einer Kommission zur Frage des Frauenstatus überzeugen. Den Vorsitz erhielt Eleanor Roosevelt. 1963 legte die Kommission einen Report über Diskriminierung am Arbeitsplatz, ungleiche Löhne für Frauen und Männer, fehlende Dienstleistungsangebote wie Kindergärten vor. Gesetze zur Gleichstellung von Frau und Mann auf dem Arbeitsmarkt folgten in den nächsten Jahren. 1966 gründete die Feministin Betty Friedan die National Organization for Women. Erste Erfolge dieser Frauenpolitik wurden auf dem Arbeitsmarkt in den siebziger Jahren spürbar.

»Natürlich sollten Frauen arbeiten«, meinte Jacqueline und betonte, »wenn sie wollen. Man muß etwas tun, das Spaß macht. Das ist eine Definition von Glück: ›all seine Fähigkeiten einsetzen, um die Lebensqualität zu vergrößern‹. Das gilt für Frauen wie für Männer … Ich denke, daß Menschen, die selbst arbeiten, Respekt für die Arbeit anderer aufbringen. Ich erinnere mich an einen Taxifahrer, der mich ins Büro fuhr. Er sagte: ›Lady, Sie arbeiten, ohne es nötig zu haben?‹ Ich sagte, ja. Er drehte sich um und meinte: ›Ich finde das großartig.‹« (›Ms‹, März 1979)

Der neue Arbeitsplatz bei Doubleday, einem Verlag der Gruppe Random House, lag mitten im pulsierenden Manhattan, am Broadway 1540. Hier gestaltete sich das Berufsleben für Jacqueline angenehmer. Sie hatte aus ihren Fehlern bei Viking Press gelernt, paßte sich an und arbeitete gleichberechtigt im Lektorat. Bei Besprechungen gab sie sich natürlich und durchsetzungsfreudig. Mitarbeiter erlebten eine aufgeschlossene, intelligente Frau, die sich als Teil eines Teams verstand. Zusammen amüsierten sie sich über die Schlagzeilen, Jackie Onassis koche ihren Kaffee im Büro selbst oder mache eigenhändig Fotokopien. Das war für sie selbstverständlich.

Sie hatte gelernt, daß Verlage nur verkäufliche Manuskripte publizieren. Ihr Urteil orientierte sich jetzt an der Absatzmöglichkeit. Im Lauf der Zeit wurde ihre Meinung geschätzt, ihre Argumente galten als stichhaltig. Sie bearbeitete pro Jahr etwa zwölf Titel und machte sich einen Namen durch gründliches Redigieren, Qualitätsbewußtsein sowie die Bereitschaft, sich mit Autoren auseinanderzusetzen. Jacqueline blieb bei allem, was sie tat, Perfektionistin. Buchpräsentationen profitierten von ihrem Namen; die Journalisten strömten. Sie dagegen meinte: »Was mir am Verlagsgeschäft so gut gefällt, ist, daß man nicht den Lektor hervorhebt – man wirbt für das Buch und den Autor.« (Frühjahr 1993, ›Publisher's Weekly‹)

Sie selbst lehnte es gegenüber Doubleday-Verleger Bill Bary ab, ihre Memoiren zu schreiben. Sie wollte nicht in der Vergangenheit leben und lieber ihr Leben genießen als es der Nachwelt zu sichern. Im Lektorat lebte sie ihre Kreativität voll aus. Zusammen mit Art Director Peter Kruzan arbeitete sie am Layout; sie verlangte eine ansprechende Optik neben dem überzeugenden Inhalt. Sie suchte Schrifttypen aus und plante die Gestaltung der Cover mit. Viel Zeit investierte sie in die Bildredaktion. Die Arbeit entwickelte sich zu einem neuen Lebensinhalt. Ihr Sohn John sollte an ihrem Grab 1994 ihre Liebe zu Worten betonen: »Als wir die Rede aussuchten, bemühten wir uns, Worte zu finden, die das Wesen meiner Mutter trafen. Drei Attribute kamen immer wieder zur Sprache. Es waren die Liebe zu Worten, die Bande an das Zuhause und die Familie und ihr Mut zum Abenteuer.«

Etliche Projekte erinnern an Jacquelines persönliche Interessen: Politikerbiographien über de Gaulle und Adenauer, Bücher zur

Zeitgeschichte, über das Nachkriegseuropa oder moderne Architektur. Auch Kinderbücher betreute sie. Ihre Lieblingstitel handeln von Kunst, Geschichte und fremden Kulturen. 1982 stieg sie in eine leitende Position auf und erhielt 50 000 Dollar Jahresgehalt. Die Anerkennung im Beruf stärkte ihr Selbstbewußtsein.

Ein zweites Buchprojekt mit Diana Vreeland entstand wieder zu einer Ausstellung des Metropolitan Museum. Es behandelte Indien, ein Land, das Jacqueline fasziniert hatte: ›A Second Paradise. Indian Courtlife 1590–1947‹ von Naveen Patnaik. Naveens Schwester, die indische Schriftstellerin Gita Mehta, hatte die Arbeiten rund um die Entstehung des Buches mit verfolgt und bedachte Jackies Engagement mit großem Lob: »Eine außergewöhnliche Lektorin im Stil des 19. Jahrhunderts. Ich beobachtete, wie sie ›A Second Paradise‹ bearbeitete ... Jackie schickte Naveen Seiten mit recherchiertem Material, das sie selbst kommentiert hatte. Es war harte Recherche. Als Schriftstellerin weiß ich, daß dieses Ausmaß an Aufmerksamkeit von einem betreuenden Lektor sehr selten ist.«

Von demselben Autor verlegte Doubleday 1993 ›The Garden of Life‹ – eines der ansprechendsten Bücher über Ayurveda-Heilpflanzen mit liebevoll ausgesuchten Illustrationen. Die Ästhetin Jacqueline setzte sich für schöne Bücher ein – ein seltener Wert auf dem amerikanischen Buchmarkt.

In den achtziger Jahren entstanden unter ihrer Regie sechs Tiffany-Lifestyle-Bücher, die ihre Liebe zu Dekoration und Inneneinrichtung widerspiegeln. Als ihre Tochter Caroline 1986 heiratete, konzipierte sie ein Buch über Hochzeiten, in dem sie die Leser anregte, mit Traditionen zu brechen.

Jacqueline schlug die Bücher des ägyptischen Nobelpreisträgers Nagib Machfus zur Übersetzung vor. Sie hatte die Werke auf Französisch gelesen und schätzte seinen Stil. Die Idee war erfolgreich, mittlerweile hat Doubleday über 20 Titel von Machfus im Programm. Sie entwickelte ein Gespür für potentielle Autoren und sichtete Interviews mit Prominenten nach Andeutungen auf Memoiren. Um Schriftsteller zu gewinnen und Trends aufzuspüren, besuchte sie Ausstellungen und reiste für den Verlag nach China, Indien, Russland sowie Osteuropa. Dieses Privileg kam ihrer Reiselust entgegen; ihr Name öffnete Doubleday manche Tür zu einem lukrativen Geschäft.

1988 gab der Verlag Michael Jacksons ›Moonwalk‹ heraus. Jacqueline hatte den Sänger für das Buch gewonnen und schrieb selbst das Vorwort: »Was kann man über Michael Jackson sagen? Er ist einer der erfolgreichsten Entertainer der Welt, dazu ein erfindungsreicher und aufregender Song-Schreiber, der gleichzeitig als Tänzer die Schwerkraft aufzuheben scheint und in die Fußstapfen von Fred Astaire und Gene Kelly tritt … Dieser außergewöhnlich talentierte und kreative Künstler ist ein empfindsamer Mensch – warmherzig, humorvoll und nachsichtig.«

Jackson schwärmte für die einstige First Lady und organisierte für sie beide eine private Führung durch Disneyland. 1992 erschien sein zweites Buch: ›Dancing the Dream‹, eine Mischung aus Gedichten, Reflektionen und vielen Fotos.

Andere Projekte scheiterten: Im Bemühen um Erinnerungen berühmter Persönlichkeiten sprach sie die Königin von England und die Herzogin von Windsor an. Beide lehnten ab. Auch Tänzer Rudolf Nurejev, ein alter Freund, verweigerte eine Autobiographie. 1993 versuchte sie mit einem Millionenhonorar Camilla Parker Bowles als Autorin zu gewinnen; doch die Freundin von Prinz Charles hielt mehr von Diskretion als Lady Diana. Als der Skandal um Woody Allen und Soon-Yi bekannt wurde, wollte Jacqueline Mia Farrow zu einem Buch über das pikante Familienleben überreden – vergeblich. Greta Garbo und Prince zeigten sich ebenfalls nicht interessiert.

Zu gänzlich anderen Themen führte ›Healing and the Mind‹ von Ayurveda-Spezialist Deepak Chopra. Das Buch wurde zum internationalen Bestseller über die östliche Naturmedizin. 1989 folgte ›Quantum Healing‹, zu deutsch: ›Die heilende Kraft‹. Auch dieses Buch wurde ein großer Erfolg. Jacqueline bezeichnete Chopra als ihren »spirituellen Berater«. Sie übte seit den siebziger Jahren regelmäßig Yoga und meditierte morgens.

Die New Yorkerin

Seit Sommer 1975 lebte und arbeitete Jacqueline in New York. Sie ging gern bei Mortimer in der Lexington Avenue, Ecke 75th Street essen; das Restaurant hielt stets einen Tisch für sie frei. In der Nachbarschaft kaufte sie selbst ein: Fleisch bei Lobel's Prime Meat, Lebensmittel bei Gristede's in der Madison Avenue. Wie viele Amerikaner holte sie ihre Sportkleidung in einer Filiale der Kette Gap. Ein Stückchen weiter, in der Madison Avenue 181, bediente Friseur Thomas Morrissey die berühmte Kundin in einer separaten Kabine. In der Upper Eastside war Jacquelines Anblick den New Yorkern vertraut.

Für die Wochenenden und den Sommer baute sie 1981 auf Martha's Vineyard ein Landhaus für 1,15 Millionen Dollar. Hier, im beschaulichen Gay Head, verbrachte sie einen Großteil ihrer Freizeit. Lady »Bird« Johnson besuchte sie dort im Sommer 1993 und

Jacquelines bevorzugte Geschäfte in New York (von oben nach unten): das Restaurant Mortimer (seit 2000, nach Mortimers Tod, Orsay), Lobel's Prime Meat sowie Gristede's

Red Gate Farm auf Martha's Vineyard

beschrieb die vorherrschende Stimmung: »Ihr Haus dort at-
mete ihren Stil – leger, bequem, im Einklang mit dem nahen
Ozean, aber doch mit Eleganz. Das erste, das man sah, wenn
man in die Tür trat, war ein Audubon-Bild von einem Was-
servogel. Wir aßen draußen unter einem Rebenbaum, hinter
den Dünen und den Wiesen rauschte die See. Es herrschte eine
einlullende Atmosphäre, wie man sie sich in einem Ferien-
haus wünscht.«

Die Insel liegt nur 470 Kilometer Luftlinie von New York
entfernt und garantiert Prominenten Privatsphäre. Die Dorf-
bewohner beachteten sie kaum. Auf den Wiesen um das Haus
und am gut einen Kilometer langen Privatstrand genoß sie
ungestörte Ruhe. Architekt Hugh Newell Jacobsen entwarf
das 19-Zimmer-Gebäude plus Gästehaus – genannt Red Gate
Farm. Bunny Mellon übernahm wieder einmal die Land-
schaftsarchitektur und bepflanzte das Gelände mit heimischen
Büschen und Apfelbäumen.

Vom Finanzberater zum Lebenspartner

Maurice Tempelsman kannte die Kennedy-Familie seit den
fünfziger Jahren. Er hatte für Senator John F. Kennedy ein

143

Treffen mit afrikanischen Regierungsvertretern arrangiert. Zusammen mit seiner Frau Lily war er Gast im Weißen Haus gewesen; beide hatten 1961 an dem aufsehenerregenden Dinner auf dem Rasen von Mount Vernon teilgenommen. Wenn First Lady Jackie Kennedy privat New York besuchte, um ihren Pflichten zu entfliehen, gehörte Maurice Tempelsman zu ihren Begleitern. 1968 ging er im Trauerzug hinter Robert Kennedys Sarg. Auch während Jackies Ehe mit Aristoteles Onassis hielten sie Kontakt.

Seit 1975 stand er Jacqueline in New York zur Seite; er verwaltete ihr Vermögen. Als Anlageberater vervielfachte er ihr Onassis-Erbe: Jacqueline hinterließ nach manchen Quellen 100, nach anderen 200 Millionen Dollar. Bei einer Sotheby-Versteigerung nach ihrem Tod brachten persönliche Gegenstände – Schmuck, Kleider, Möbel und Antiquitäten – 34 Millionen Dollar ein.

Im Jahr 1940 hatte der damals elfjährige Maurice Tempelsman mit seiner jüdischen Familie aus Belgien fliehen müssen: Die deutschen Nationalsozialisten waren in das Nachbarland einmarschiert. In New York eröffnete sein Vater einen Diamantenhandel. Er selbst beendete hier die Schule, studierte zwei Jahre auf dem College und stieg dann in das väterliche Geschäft ein.

Der Diamantenhändler besitzt ein Millionen-Dollar-Vermögen; seine Firma Leon Tempelsman & Son, Inc., Sitz New York, 44th Street 529, sucht in Afrika nach neuen Diamantenvorkommen und kauft direkt von dem südafrikanischen Diamantenkonzern De Beer. In den achtziger Jahren erweiterte er das Warenangebot von Industriediamanten um hochpreisigen Schmuck. Sein Sohn Leon arbeitet heute ebenfalls in der Firma.

Seit 1947 war Maurice Tempelsman mit Lily Bucholz, einer orthodoxen Jüdin, verheiratet. Sie hatten drei Kinder – Rena, Leon, Marcy – und lebten in einem großzügigen Appartement am Riverside Drive auf der Westseite Manhattans. Die Ehe zerbrach, nachdem Maurice Jacqueline näher gekommen war und seine Frau regelmäßig in den Zeitungen über die Beziehung lesen konnte. Doch sie lehnte die Scheidung aus religiösen Gründen ab. Er zog zunächst ins Pierre Hotel in Jacquelines Nähe. Erst seit 1982 wohnte er offiziell in der Wohnung seiner Lebensgefährtin.

Maurice Tempelsman lebte zurückgezogen in Manhattan. Interviews verweigerte er. Das nicht endende Interesse an der Ikone »Jackie« entsetzte ihn. Statt Öffentlichkeit und Sensationen bot er den ruhenden Pol, der ihr gefehlt hatte. Maurice Tempelsman war kein dominierender Mann, und vor allem war er nicht berühmt. Mit ihm konnte sie im Alter ein tatsächlich privates Leben führen.

Der Feinschmecker, Kunstliebhaber und Bücherfreund gilt als charmanter Gesprächspartner. Sie sprachen Französisch miteinander. Er hat Literatur studiert, interessiert sich für Geschichte und sammelt Antiquitäten sowie afrikanische Kunst. Er ist ein Genußmensch und kämpft vergeblich gegen sein Übergewicht. Wie Jacqueline liebt er Theater und Ballett; er begleitete sie häufig in Konzerte. Regelmäßig besuchten sie Kinovorstellungen. Jacqueline war Fellini-Fan. Actionfilme verabscheute sie; Arnold Schwarzenegger, den Ehemann ihrer Nichte Maria Shriver, lehnte sie als Symbol der Brutalität ab.

Die Sommermonate genossen Jacqueline und Maurice gemeinsam auf Martha's Vineyard; hier ankerte auch Maurices Jacht »Relemar«. Sie aßen in den kleinen Restaurants der Insel

Mit Maurice Tempelsman

und gingen gemeinsam ins Kino. Jacqueline trieb noch immer viel Sport, schwamm, ruderte oder fuhr Wasserski.

Am 8. Dezember 1988 erlitt Maurice Tempelsman einen Herzinfarkt. Er kam ins Lenox Hill Hospital in New York. Jacqueline, die schon zweimal einen Mann im Krankenhaus verloren hatte, sorgte sich und harrte an seinem Krankenbett aus. Doch er überstand den Infarkt gut.

Familienbande

Auf dem Kennedy-Sitz in Hyannis Port zeigte sich Jacqueline kaum noch; sie hatte

Späte Liebe: mit Maurice Tempelsman im Central Park, New York

sich mit ihrer Heirat 1968 von der Familie zurückgezogen und suchte auch als New Yorkerin keinen Kontakt zu ihrem früheren Lebensabschnitt. Ihr Haus in Cape Cod betrat sie nicht mehr. Sie schätzte den amerikanischen Lebensstil der Kennedys nicht und blieb lieber in ihrer Welt. Dennoch unterstützte Jacqueline 1976 ihren Schwager Sargent Shriver, den Ehemann von Eunice Kennedy, bei der Vorwahl zum Präsidentschaftskandidaten – obwohl er gegen seinen Konkurrenten James E. Carter keine Chance hatte. 1980 engagierte sie sich für Edward Kennedy, der ebenfalls das höchste Amt im Staat anpeilte. Noch einmal hielt sie spanische Ansprachen vor Einwanderern aus Südamerika. Doch der Skandal 1969 von Chappaquiddick war nicht vergessen, und die Demokraten stellten ihn nicht auf.

1981 wurde bekannt, daß Jacqueline auf der Liste von Mark David Chapman stand, jenem Attentäter, der den Beatles-Gitarristen John Lennon 1980 vor dem Dakota House in New York erschossen hatte. Die alte Furcht von 1963 ließ Jacqueline erschrecken. Seit den Morden an John F. und Robert Kennedy lebte sie in Angst um sich und die Kinder. Die Schüsse von Dallas lagen 18 Jahre zurück, doch selbst um ihre erwachsenen Kinder mußte sie noch bangen.

Zu ihrer Schwester bestand ein enges Band – auch wenn Lee weiter im Jet-set verkehrte und Jacqueline sich aus diesen Kreisen zurückgezogen hatte. Doch die Geschwister durchliefen Phasen von Haß-Liebe. Lee stand im Schatten der Älteren; sie neidete ihr Berühmtheit, Geld und nicht zuletzt Onassis. Als sie 1981 an einem Alkoholproblem litt, überzeugte Jacqueline sie von der Notwendigkeit einer Behandlung. Sie begleitete ihre Schwester zu den Anonymen Alkoholikern. Die häusliche Situation der Süchtigen wurde immer problematischer, und Lees Tochter Anna Christina zog vorübergehend zu Jacqueline. Die Schwestern sprachen mehrere Monate nicht miteinander; Lee fühlte sich einmal mehr von Jacqueline überboten.

1983 wurde bei Janet Auchincloss Alzheimer diagnostiziert. Ihr Kurzzeitgedächtnis setzte aus. Jacqueline kümmerte sich um ihre Mutter und unterstützte finanziell die Alzheimer-Forschung. Janet starb im Sommer 1989 in geistiger Umnachtung. Am gleichen Tag wurde Rose Kennedy 99 Jahre alt. Jacqueline war zum Besuch angemeldet, doch sie fuhr ans Totenbett ihrer Mutter. Bis zu ihrer Krebserkrankung befürchtete sie, selbst an Alzheimer zu erkranken und beobachtete Anzeichen von Vergeßlichkeit aufmerksam.

Engagiert in New York

Jacqueline liebte ihre Stadt und setzte ihre Publicity gegen übereifrige Stadtplaner ein. Schon als First Lady hatte sie die Restaurierung des Lafayette Square in Washington unterstützt. Die Häuser aus dem 19. Jahrhundert waren unter Eisenhower zum Abriß bestimmt. In den frühen Sechzigern appellierte sie an ihre Landsleute, die Zeugen der Geschichte zu bewahren. Das Angebot der achtziger Jahre, als Kulturabgeordnete in New York tätig zu werden, lehnte sie jedoch ab. Jacqueline wollte kein Amt.

Seit Anfang 1975 engagierte sie sich mit zahlreichen New Yorkern gegen den Abriß der Grand Central Station und die Errichtung eines Hochhauses an diesem Platz. Die Municipal Arts Society organisierte den Bürgerprotest und plante eine

Grand Central Station in New York

Demonstration mit Lichterkette. Doch der Zeitpunkt war Anfang März schlecht gewählt: Die Demokraten hatten gerade
ihren New Yorker Konvent eröffnet. Die Journalisten würden
sich auf den Parteitag konzentrieren. Allein Jacquelines Anwesenheit lockte die Reporter an; die ›New York Times‹ und
andere Tageszeitungen machten das Bauvorhaben am nächsten Tag zur Schlagzeile. Die Bahnhofsfassade wurde schließlich für 200 Millionen Dollar renoviert. Eine Inschrift an der
vor wenigen Jahren erneut renovierten Grand Central Station
zeugt von Jacquelines Engagement: »Jacqueline Kennedy Onassis führte den Kampf zur Bewahrung dieses schönen Bahn-
hofs. Der Sieg im Obersten Gerichtshof der Vereinigten Staaten 1978 beweist das Recht des Volkes, Denkmäler in Städten
und Großstädten in ganz Amerika zu beschützen.« Nicht zuletzt durch den von ihr angeführten »Landmark Express«
nach Washington zur Anhörung des Falls vor dem Gerichtshof hatte sie weltweit Schlagzeilen gemacht. Bei der Gala zur
Wiedereröffnung im Oktober 1998 sagte ihre Tochter Caroline:
»Mutter hat den Platz hier sehr geliebt.«
    1987 wehrte Jacqueline sich mit anderen Bürgern erfolgreich
gegen den Bau eines Hochhauskomplexes am Columbus

Circle, der das gewachsene Stadtgebiet zerstört und das Süd-ende des Central Park überschattet hätte. Den zu manchen Tageszeiten über einen Kilometer langen Schatten hatten die Architekten nicht berücksichtigt. Jacqueline gab eine Presse-konferenz und überzeugte mit diesem Argument. Sie enga-gierte sich auch für die Bewahrung von Lever House, einem der ersten Glashochhäuser New Yorks und verhinderte Neu-bauten auf dem Gelände von St. Bartholomew an der Park Avenue. Das ideal gelegene Grundstück mit Garten sollte für 50 Millionen Dollar verkauft werden. Die Kirche steht noch heute. Die Erhaltung historischer Häuser in Newport war ein weiteres Projekt.

Kinder und Enkelkinder

Jacqueline behielt engen Kontakt zu ihren erwachsenen Kin-dern. Sie und die Enkel bildeten einen wichtigen Bestandteil in ihrem Leben mit Maurice Tempelsman. Caroline hatte am 19. Juli 1986 Edwin Schlossberg geheiratet – einen Avantgarde-Künstler; er besitzt eine Firma in New York, die multimediale Videos für Ausstellungen, Museen und Geschäfte entwickelt. Sie lernten sich während Carolines Arbeit im Metropolitan Mu-seum kennen. Der 13 Jahre ältere Geschäftsmann stammt aus einer angesehenen jüdischen Industriellenfamilie. Das Paar führt ein zurückgezogenes Leben; er schirmt Caroline und die Kinder bewußt vor der Öf-fentlichkeit ab. Ihre älteste Tochter Rose wurde am 24. Juni 1988 geboren, Tatia-na Celia am 5. Mai 1990 und John, genannt Jack wie sein Großvater, am 19. Januar 1993. Jacqueline liebte ihre Enkel, die sie »Grand Jackie« nann-ten, und verbrachte viel Zeit mit ihnen. Das Talent, Ge-schichten zu erzählen, machte

Caroline Kennedy bei ihrer Hochzeit
mit Edwin Schlossberg

sie bei den Kleinen beliebt. In ihrer New Yorker Wohnung hortete sie Spielsachen; hinter ihrem Haus auf Martha's Vineyard pflanzte Jacqueline Gemüse mit ihnen an.

Caroline Kennedy hatte nach der Schule die Concorde Academy in Massachusetts besucht, dann das Radcliff College für Frauen. Sie belegte Kurse in Kunst, Architektur und Geschichte, machte ein journalistisches Praktikum bei ›Daily News‹ in New York und jobbte ein Jahr bei Sotheby's in London. Nach dem Collegeabschluß 1980 arbeitete sie sechs Jahre in der Film- und Fernsehabteilung des New Yorker Metropolitan Museum. Für Filme hatte sie sich schon früh interessiert: Mit 15 Jahren drehte sie in Tennessee einen Dokumentarfilm über Bergarbeiter. Als sie eine Fotografenkarriere anpeilte und Fotos in der Manhattan Lexington Gallery ausstellen wollte,

Jacqueline mit ihren Enkeln

sprach Jacqueline ihr Veto aus. Sie sah den Namen ihrer Tochter vermarktet; künstlerisches Talent entdeckte sie leider nicht.

Caroline verließ das Metropolitan Museum für ein Studium an der School of Law der Columbia University, arbeitete später aber nie als Anwältin. Statt dessen lebte sie für ihre junge Familie und avancierte zur Bestsellerautorin. Gemeinsam mit Kommilitonin Ellen Alderman veröffentlichte sie 1991 ›In Our Defense. The Bill of Rights in Action‹. 1996 schrieb sie ›The Right to Privacy‹ – ein Buch, das Jacqueline sicher interessiert hätte. Seit dem Tod ihrer Mutter übernimmt Caroline deren karitative Aufgaben und kümmert sich um die Kennedy-Bibliothek in Boston.

Der vaterlos aufwachsende Sohn John bereitete Jacqueline weit mehr Sorgen als ihre Tochter. Sie fürchtete eine Verweichlichung und wollte ihn abhärten. Im Sommer 1977 schickte sie John in ein Survival-Training auf Hurricane Island vor der Küste Maines. 1979 nahm er an einem Kurs der National Outdoor Leadership in Kenia teil. 1980 verbrachte er den Sommer in südafrikanischen Diamantenminen, um das Geschäft von Maurice Tempelsman kennenzulernen. Risiko und Abenteuer zogen ihn an – bis zu seinem Ende.

John Kennedy studierte Geschichte an der Brown University und schloß 1983 das Studium mit dem Bachelor ab. Er interessierte sich für Umweltfragen, engagierte sich in einer Non-Profit-Organisation für Teenager aus der Bronx, leistete ein halbes Jahr Sozialarbeit in Indien und unterstützte Erdbebenopfer in Guatemala.

Daneben genoß er das Leben: 1986 wurde John Kennedy vom Magazin ›People‹ zum begehrtesten Junggesellen erklärt. Zwei Jahre später, am 12. September 1988, setzte dasselbe Magazin ›The Sexiest Man Alive‹ auf das Cover. Ihm werden – wie seinem Vater – ungezählte Affären nachgesagt. Als er 1988 seiner Mutter Popstar Madonna vorstellte, reagierte Jacqueline geschockt. Ihr Video ›Diamonds Are A Girl's Best Friend‹ im Styling von Marilyn Monroe hatte sie schmerzlich an die echte Monroe und ihren Privatauftritt beim Präsidenten erinnert. Auch Johns mehrjährige Beziehung mit Hollywood-Star Daryl Hannah mißfiel ihr. Sie sprach sich offen gegen die Heirat mit einer Schauspielerin aus. Johns eigene Ambitionen, Theater zu spielen, verbot sie rigoros. Ein Kennedy gehörte nicht auf die Showbühne. Er immatrikulierte sich schließlich ihr zuliebe 1986 an der School of Law. Doch im Gegensatz zu seiner Schwester benötigte er drei Anläufe für das Jura-examen und beendete das Studium 1990. Der juristische All-tag fesselte John keineswegs. Schon nach drei Jahren stieg er aus der Anwaltskanzlei aus.

Zusammen mit Michael Berman gab er im September 1995 die erste Ausgabe des Magazins ›George‹ heraus. Der Name be-zieht sich auf George Washington, den ersten Präsidenten der Vereinigten Staaten. Die Medienwelt nahm die Zeitschrift – ei-ne Mischung aus Politik, Satire, Stars und Glamour – nicht ernst; doch das Blatt mit dem berühmten Verleger erreichte 400 000 junge Leser. Models schmückten die Titel: Cindy Craw-ford bauchfrei als George Washington, Kate Moss nackt mit dem Sternenbanner. John Kennedy fragte in einem Beitrag Madonna, was sie als Präsidentin täte. Aber er interviewte auch Außenministerin Madeleine Albright, Fidel Castro und den Dalai Lama. Der Name Kennedy öffnete Türen.

Nachdem John als Verleger und Reporter aufgetreten war, fragten die Demokraten an, ob er für den Senatssitz von New York kandidieren wolle. Er lehnte aktive Parteipolitik ab. Im Juli 1988 hatte der Siebenundzwanzigjährige die Einführungs-rede für Onkel Edward Kennedy vor dem Konvent gehalten. Seine Anspielung auf den verstorbenen Vater ließ viele auf eine politische Karriere hoffen – nicht zuletzt seine Mutter. 1999 besagten Gerüchte aus dem Freundeskreis, er sei für ein Amt bereit gewesen.

Am 21. September 1996 heiratete John die studierte Pädago-gin und Pressesprecherin von Calvin Klein, Carolyn Bessette. Die Zeremonie fand fern jeglichen Presserummels auf Cum-berland Island in einer ehemaligen Sklavenkapelle statt. Die Hochzeitsparty organisierte seine Schwester. Das Paar lebte in Johns Loft im New Yorker Szeneviertel TriBeCa, bis er sich am 16. Juli 1999 überschätzte. Der sportliche John besaß seit knapp einem Jahr eine Fluglizenz für Tagesflüge. Als er im Dämmerlicht von New York mit einer Piper Saratoga Rich-tung Martha's Vineyard startete, wollte er zur Hochzeit von Rory Kennedy, der jüngsten Tochter von Robert und Ethel Kennedy, und Mark Bailey. Doch der Pilot verlor kurz vor dem Ziel im Dunkeln die Orientierung. John, seine Frau Carolyn und deren Schwester Lauren verunglückten tödlich.

Diagnose: Krebs

Weihnachten 1993 verbrachte Jacqueline mit Maurice Tempelsman in der Karibik. Plötzlich bemerkte sie eine Schwellung der Lymphknoten am Hals. Sie klagte über Magenschmerzen und Husten. Die Vierundsechzigjährige unterbrach den Urlaub und eilte zu einem New Yorker Spezialisten. Untersuchungen erga-

John Kennedy Jr. mit Frau Carolyn Bessette

ben im Januar 1994 die Diagnose Lymphdrüsenkrebs. Jacqueline war am Non-Hodgkin's Lymphomen erkrankt. Ihre Lebenschance betrug fünf Jahre. Um Gerüchten zuvorzukommen, ließ sie die Krankheit schon im Februar durch Nancy Tuckerman bekanntgeben.

Nun begann die Krebstherapie: Eine Chemo-Behandlung schlug nicht an. Die Nebenwirkungen wie Haarausfall und Schwäche erlitt Jacqueline dennoch. Sie wurde mit Steroiden – Hormonen zur Zellstärkung – behandelt. Trotzdem breitete der Krebs sich rasch auf Gehirn, Rückenmark und Leber aus. Sie erhielt Bestrahlungen.

Jacquelines Radius wurde kleiner. Die Verlagsarbeit stellte sie ein. Spaziergänge im Central Park mit Maurice Tempelsman bestimmten neben der Therapie ihren Tagesablauf. Am 15. Mai betrat sie mit Maurice, Tochter Caroline und Enkel John den New Yorker Stadtpark zum letzten Mal. Bilder einer vom Krebs gezeichneten Frau machten Schlagzeilen.

Monsignore George Bardes von der St.-Thomas-More-Kirche, Manhattan, eilte zur letzten Ölung in die Wohnung. Ihre Kinder Caroline und John, Maurice Tempelsman, Schwester Lee, Schwager Edward Kennedy mit seiner zweiten Frau, Victoria Reggie, die Schwägerinnen Ethel, Patricia, Eunice sowie deren Mann Sargent Shriver, die alte Freundin Bunny Mellon, sogar Halbbruder Yusha kamen zum Abschied. Mit Morphium dämmerte sie dem Tod entgegen und starb am 19. Mai 1994 gegen 22.15 Uhr. Im Pressestatement von John F. Kennedy Jr. hieß es: »Gestern abend gegen Viertel nach zehn verstarb meine Mutter. Sie war umgeben von ihren Freunden und ihrer Familie und ihren Büchern und den Menschen und Dingen, die sie liebte. Und sie tat es auf ihre eigene Weise und in ihrem Stil, und wir alle sind glücklich darüber, und jetzt ist sie in Gottes Hand.« In den Tagen nach Jacquelines Tod legten zahllose Passanten Blumen vor ihrem Haus nieder. Das sollte sich nach John Kennedys Tod 1999 wiederholen.

Die Totenmesse fand auf Jacquelines Wunsch in St. Ignatius Loyola statt – jener Kirche, in der sie getauft und gefirmt worden war. Jessey Norman sang das ›Ave Maria‹. Maurice Tempelsman sprach Verse aus dem Gedicht ›Ithaka‹ von Konstantinos Kavafis:

»Behalte Ithaka stets im Gedächtnis.
Dorthin zu gelangen ist dir bestimmt.
Aber überstürze die Reise nicht.
Lieber laß dir Jahre Zeit.«

Und Tempelsman fügte hinzu:

»Und jetzt ist die Reise zu Ende.
Zu kurz, ja, zu kurz.
Sie war angefüllt mit Abenteuer und Weisheit,
Lachen und Liebe, Mut und Anmut.
So lebe wohl, lebe wohl.«

Heute erinnert in Reihe 62 eine kleine Tafel an ihren ersten Mann: »John F. Kennedy 35th President attended Mass in this Pew, February 10, 1963.« Auf sie selbst deutet nichts. Ihr letzter Wille, neben John F. Kennedy in Arlington begraben zu werden, zeigt das Bewußtsein für ihre historische Rolle. Das Begräbnis wurde zum politischen Akt: Bill Clinton sprach am Grab.

Der Heldengedenkfriedhof der Vereinigten Staaten von Amerika nahe Washington ist für Soldaten, Kriegshelden und Politiker bestimmt. Hier erinnern Mahnmale an die Kriege in Korea und Vietnam. Jacqueline war Zivilistin; die amerikani-

Das Grab John F. und Jacqueline Kennedys auf dem Heldengedenkfriedhof Arlington

sche Presse beschimpfte sie nach ihrer Heirat mit Aristoteles Onassis als Verräterin am Volk und am 35. Präsidenten. Aber als einstige First Lady und Präsidentenwitwe wurde sie dennoch neben John F. Kennedy in Arlington begraben. Ihrem Sohn John verwehrte die Regierung 1999 allerdings eine Grabstätte dort, da er nicht beim Militär gedient hatte.

Jackie und die Medien

Die Debütantin des Jahres 1947

Das Blitzlichtgewitter der Fotoreporter kannte Jackie von Jugend an. Die Scheidung ihrer Eltern wurde von den Klatschblättern kommentiert, ebenso ihre frühen Auftritte auf Amerikas Parkett. Kolumnist Igor Cassini, besser bekannt unter seinem Pseudonym »Cholly Knickerbocker«, nannte die Achtzehnjährige nach ihrem ersten Ball im Sommer 1947 »Debütantin des Jahres«. Die Verlobung mit Senator Kennedy brachte sie auf das Cover von ›Life‹. Danach setzt sie die Boulevardpresse bevorzugt auf die Titelseite.

Journalisten nutzten seit den frühen sechziger Jahren die Fotoübertragung via Satellit. Als erstes Versuchsfoto wurde 1963 ein Bild John F. Kennedys von den USA nach Afrika mit Hilfe des Syncom II Satelliten – gut 36 000 Kilometer von der Erde entfernt – geschickt. Diese Technik ermöglichte es, heimlich geschossene Skandalfotos in kürzester Zeit weltweit in die Zeitungsredaktionen zu schicken. Jackie garantierte immer gute Honorare für die Paparazzi. Einzelne Fotoreporter wie Ron Galella und Koulouris hatten sich auf sie spezialisiert und lauerten ihr tagelang auf.

Im Umgang mit den Medien entwickelte sich Jackie zur Perfektionistin; sie inszenierte ihre Auftritte – vergleichbar mit Lady Diana. So entstand ein fest umrissenes Bild von der Frau des Senators, der First Lady, der Witwe. Als sie sich mit Ende Dreißig wandelte und diesem Image nicht mehr entsprach, schrie die Weltpresse wütend auf. Das Recht auf Veränderung wurde der Person öffentlichen Interesses aberkannt.

Die Kennedys auf Hochglanz

Auffällig viele Artikel über den Politiker John F. Kennedy erschienen in Frauen- und Lifestylemagazinen: ein junger Hoffnungsträger. Doch mehr faszinierte Journalisten wie Zeitungsleser Jackie, diese Kombination einer Mädchenfrau, Dame von Welt und Mutter. Privatfeiern wie die Hochzeit oder Taufe ihrer Tochter gerieten zum Medienspektakel. Doch John F. Kennedy brauchte im Dezember 1957 jede Publicity. Im kommenden Jahr wollte er in den Senat wiedergewählt werden, und von dem Ergebnis hing seine Chance auf die Präsidentschaftsnominierung 1960 ab. Privatsphäre war Luxus.

Die Massenblätter reduzierten Jackie gern auf die Modepuppe. Kulturelle Interessen, College, Auslandserfahrung und Beruf landeten in Nebensätzen. Ihr Aussehen stand im Zentrum aller Berichte. Aber die Medien kritisierten auch scharf. Jackies Kleider entwickelten sich zum Politikum. »Jetzt kann es gesagt werden – Mrs. Kennedy, Frau des demokratischen Präsidentschaftskandidaten, wurde aus politischen Gründen diplomatisch erklärt – ›keine Pariser Kleider mehr, nur noch amerikanische Mode‹«, meldete ›Women's Wear Daily‹ am 1. September 1960. Und in der ›Washington Post‹ vom 3. Juni 1961 konnten die geneigten Leser erfahren: »Die Frau des Präsidenten sprach gestern in Paris das Problem an, als ein Reporter von ›Women's Wear Daily‹ auf einer Pressekonferenz fragte, ob die First Lady ihre Zeitschrift liest. ›Möglichst nicht mehr‹, erwiderte Mrs. Kennedy scharf. Das

Politikum Kleidung

Frau und Mutter fürs Weiße Haus

Blatt veröffentlichte in den letzten Monaten viele Artikel über die Kleidung Mrs. Kennedys, wieviel sie für Kleider ausgibt und daß sie Mode in Paris bestellt hätte.«

Jackie mußte sich den Wählerinnen ihres Mannes anpassen. Im Mittelwesten und in den ländlichen Bundesstaaten erwartete die Bevölkerung einen mütterlichen Typ als zukünftige First Lady. Die Amerikaner waren sieben Jahre Mamie Eisenhower gewohnt; ihre Vorgängerin Elizabeth Truman hatte den Pomp des Präsidentenamts rundweg abgelehnt. Da wirkte die junge Dame von der Ostküste provokant. In Interviews vertrat sie daher Konventionen: »Das Wichtigste für eine gute Ehe ist, daß der Mann seine Arbeit gern und erfolgreich tut. Die Zufriedenheit der Frau kommt dann von selbst.« Auf die Frage nach den Pflichten einer First Lady antwortete sie in der Talkshow ›Today‹ am 15. September 1960: »Ich habe immer geglaubt, die Hauptpflicht ist, den Präsidenten der Vereinigten Staaten zu unterstützen, so daß er seinem Land am besten dienen kann, und das bedeutet, den Haushalt um ihn herum ruhig zu führen und ihm bei allem zu helfen, worum er bittet.«

So schuf sie eine Corporate identity für die Wählerschaft, ohne dass sie sich selbst damit identifizierte. Denn Jackie entsprach diesem Image keineswegs. Zeitzeugen schwärmen von ihrem Witz, ihrer Intelligenz und Belesenheit. Im kleinen Kreis zeigte sie sich selbständiger und gebildeter als in der Öffentlichkeit.

Mit dem Einzug ins Weiße Haus änderte sich Jackies kooperative Haltung gegenüber der Presse. Sie gab die Anpassung auf, verweigerte sich den Journalisten so oft wie möglich. Immer wieder klagte sie über mangelnde Privatsphäre und forderte das Recht auf ein unbeobachtetes Leben. Fotos gestattete sie nur nach Absprache. Kaum etwas haßte Jackie mehr als die Belagerung der Paparazzi und Schnappschüsse auf Titelseiten. Sie bevorzugte abgesprochene Titelstorys wie »Jacqueline Kennedy, Leben und Freizeit«, ein Rückblick auf das erste Jahr im Weißen Haus: »Indem sie ›dies alles‹ mit höchstem Stil durchstand – im grellen Licht, das auf das Weiße Haus herunterstrahlt – hat dieses Vassar-gebildete, Sorbonne-geschliffene, hochklassige Produkt der Ostküsten-Gesellschaft ihren eigenen unauslöschlichen Beitrag zur amerikanischen Geschichte geliefert.« (›Newsweek‹, 1. Januar 1962)

Am 1. September 1961 veröffentlichte das Magazin ›Life‹ als Titelstory ›The First Lady. She tells her Plans for the White House‹. Ein Dreivierteljahr nach der Machtübernahme verkündete sie die Renovierung des Weißen Hauses. Sie erklärte, was die Amerikaner für den Amtssitz tun konnten: Geld und Antiquitäten spenden. ›Newsweek‹ kritisierte am 17. September 1962 die wiederholten Aufrufe, unterstellte, die Kennedys übten Druck auf Spender aus, und behauptete, »lediglich eine funkelnde Gruppe reicher Antiquitäten- und Kunstkenner würde spenden«. Jackie Kennedy protestierte energisch. Die Kunstschätze kamen aus dem gesamten Land. Schulklassen sammelten kleine Beträge, Reiche stellten historische Möbel zur Verfügung. Die First Lady hatte ihre Medienwirksamkeit geschickt genutzt und vermarktete das Haus als Inbegriff amerikanischer Geschichte.

Jackie Kennedy mußte aber auch erleben, wie die Publicity ihr Leben vergiftete: Die Presse zerrte das Privatleben ihres Ehemanns ans Licht. Zwar sahen die Journalisten der Sechziger detaillierte Sexberichte über den Präsidenten noch nicht als ihre Aufgabe, doch Namen wie Pam Turnure, Jackies Pressesprecherin, Judith Campbell Exner, die Geliebte des Präsidenten wie des Chicagoer Mafiabosses Sam Giancana, oder Marilyn Monroe tauchten auf. Die Washingtoner Gesellschaft klatschte. Die Skandale weckten Jackies Selbstkontrolle; sie zeigte sich betont unbekümmert und demonstrierte Unabhängigkeit. Auffällig sind ihre Reisen, wann immer Gerüchte um eine neue Geliebte erschienen. Die Folge waren kritische Zeilen über die abwesende First Lady.

Lancierte Berichte

1960 erschien in ›Ladies' Home Journal‹ Jackie Kennedys Lebensgeschichte in Fortsetzungen unter dem Namen ihrer Freundin und späteren Biographin Mary van Rensselaer Thayer. Spekulationen über Jackie als Autorin lassen sich nicht beweisen; ihre Autorisierung der Texte gilt dagegen als sicher. Die Serie verklärt ihre Herkunft romantisch und erwähnt eine aristokratische, französische Abstammung. Nicht erst um den toten John F. Kennedy wob Jackie ein Märchen.

Am 14. Februar 1962 strahlte CBS den einstündigen Film ›A Tour of the White House with Mrs. John F. Kennedy‹ aus. Jackie führte den Journalisten Charles Collingwood durch das renovierte Haus, zeigte die neu errungenen Antiquitäten und erklärte die Herkunft der Schätze. Sie berichtete, daß sie die von Mrs. Lincoln privat verkauften Möbel zurückkaufen konnte.

Jackie hat das Filmskript geschrieben; sie wollte mit dem Film dem Volk Geschichte näherbringen und zugleich die überteuerte Renovierung rechtfertigen. Doch ihre Stimme haucht schüchtern das wiederkehrende »Es ist alles so schön«; ihr Auftritt wirkt unnatürlich. Auf die Frage, ob Kunst, Musik und Literatur mit Politik verknüpft seien oder ob sie sich mit ihrem Mann privat für Malerei und Antiquitäten interessiere, antwortet Jackie: »Das ist so kompliziert. Ich weiß es nicht.« Hier spricht nicht mehr die einstige Sorbonne-Studentin und Fotoreporterin, die Washingtoner Passanten 1953 gefragt hatte: »Würden Sie eine Frau als Präsidentin der Vereinigten Staaten unterstützen?« Statt dessen tritt John F. Kennedy auf und übernimmt die Antwort: »Geschichte ist für uns eine Quelle der Kraft.«

Der Film wurde in 106 Ländern gezeigt; in den USA sahen ihn 46 Millionen Menschen – jeder vierte Erwachsene. Die Folge: Die Besucherzahl des Weißen Hauses erhöhte sich auf 1,5 Millionen jährlich. Die First Lady wurde bekannt wie keine ihrer Vorgängerinnen, und sie war auf ihre Rolle festgelegt: strahlend schönes Beiwerk, zuständig für die Dekoration.

Ebenfalls 1962 strahlte NBC News ›The World of Jacqueline Kennedy‹ aus. In diesem Film zeigt sich die First Lady betont lässig: auf dem Pferd, mit Capri-Hosen in der Meeresbrandung, auf dem Rasen mit ihren Kindern. Berücksichtigt werden Aufnahmen von den Staatsbesuchen 1961 in Paris und Wien. Wieder gibt sich Jackie Kennedy zurückhaltend; sie blickt beim Interview viel zu Boden und spielt mit den Händen. Über ihre Rolle im Weißen Haus meint sie: »Es ist ein wenig hart.« Und sie fügt sanft lächelnd hinzu: »Auch als First Lady muß ich ich selbst bleiben.« Daß sie selbstbewußt genau dies wollte und hartnäckig verfolgte, ist bei ihrem Anblick kaum zu ahnen. Jackie zeigt in diesem Film das Weiße Haus als ihr Heim, die Familie setzt sie demonstrativ an erste Stelle. Ihre Kinder sollen auch in einem Amtssitz natürlich heranwachsen. Diese Konzentration auf die Familie wirkte Anfang der Sechziger positiv. Das junge Präsidentenpaar mit seinen Kleinkindern erschien sympathisch, verantwortungsbewußt und friedliebend. Da vergaßen die Fernsehzuschauer den unerfahrenen Jungpräsidenten, Fehler in der Sozialpolitik und außenpolitisch riskante Manöver. Jackie Kennedy inszenierte eine heile Welt.

Im Frühjahr 1962 begleiteten ein Kamerateam sowie 60 Journalisten Jackie Kennedy und ihre Schwester Lee nach Indien. ›Jacqueline Kennedy's Asian Tour‹ wurde weltweit ausgestrahlt. Die Reise geriet neben ihrem diplomatischen Zweck zur Public-Relation-Tour für die USA. Jackie Kennedy warb für ein international offenes Amerika, während ihr Mann den Kalten Krieg weiter schürte und am Feindbild Kommunismus malte. Einmal mehr war die First Lady für den schönen Schein zuständig. Die amerikanische Presse attackierte Jackie prompt, Haute Couture im armen Indien und Pakistan zu tragen. Sie reagierte rasch und streute die Information aus, daß sie Secondhandkleider kaufe.

Die Medien dulden kein Vergessen

Die Witwe Jackie mußte erleben, daß an jedem Gedenktag die Zeitungen John F. Kennedys Leben neu aufrollten und Legenden weiter spannen. Sie versuchte dies Geschäft mit dem Toten zu ignorieren, bestellte Zeitungen ab, hörte weder Radio noch Fernsehen. Doch bei jedem Spaziergang überfielen sie die Schlagzeilen; in jedem Geschäft oder Restaurant konnte ein Magazin mit dem Portrait ihres Mannes liegen. Der Horror von Dallas holte sie einmal pro Jahr ein.

Vielfach und aus allen errichbaren Perspektiven gezeigt: das Attentat

Caroline und John wuchsen mit Schlagzeilen auf; Realität und Legenden mischten sich. 1983 schickte Jackie ihren Sohn bis nach Indien, damit er dem 20. Todestag seines Vaters entging. Noch der Tod von Jackie 1994 und John 1999 wurde jeweils Anlaß, an Dallas zu erinnern, Skandale aus der Kennedy-Familie und das Märchen vom Familienfluch wiederzubeleben.

Geschichten und Fotos von Mitgliedern des Kennedy-Clans wurden prämiert. Bill Epridge schoß das letzte Bild von John F. Kennedy unmittelbar nach dem Mord in Dallas und erhielt dafür den World Press Award sowie den Pulitzer-Preis.

Die zweite Pulitzer-Auszeichnung ergatterte er mit dem Attentat auf Robert Kennedy. Bill Epridge hatte den Senator in seinen letzten Wahlkampftagen für die Zeitschrift ›Life‹ begleitet. Er schoß das Bild des Sterbenden. Fotoreporter drängten Ethel Kennedy von ihrem toten Mann fort, um ihre Objektive auszufahren. Der Tod Robert Kennedys geriet wie der seines Bruders zum Medienereignis des Jahres.

Von der Kennedy-Witwe zu »Jackie O«

»Jackie entschlüpft in zunehmendem Maße ihrer Rolle als trauernde Witwe«, empörte sich im Mai 1966 das Magazin

›Time‹. Und Alexander Parlach stellte in seiner Jackie-Serie am 5. März 1967 im ›Stern‹ fest: »Sie ist nicht die Bannerträgerin einer geistigen Kennedy-Bewegung geworden, und man merkt mit jedem Tag mehr, daß sie es auch nicht will.« Richtig: Jackie Kennedy wollte nach ihrer Zeit im Weißen Haus kein Vorbild mehr sein. Doch die Presse schuf sich ein eigenes Bild.

»Was funktioniert an jedem Ort der Welt, das ist: die schöne Witwe auf einem symbolischen Denkmalssockel – und ihr gegenüber eine neugierige, zudringliche, brüllende, winkende Menge, angeführt von einem Stoßtrupp von Fotografen und Reportern«, war im ›Stern‹ vom 7. Mai 1967 zu lesen. Was interessierte, war ihr Äußeres. Daß sie sich im Alter von 38 Jahren noch schlanker gehungert hatte, schien berichtenswert: »Jacqueline Kennedy, 38, US-Witwe, hungerte sich seit dem Tod ihres Mannes eine Kleidergröße dünner. Während sie 1962 im Weißen Haus Größe 38 trug, paßt die Lady jetzt in die Größe 36 (Oberweite 84, Taille 62, Hüftweite 90).« (›Stern‹, 18. Februar 1968)

Die Heirat mit Aristoteles Onassis kritisierten die Massenblätter durchgängig als Verrat: an John F. Kennedy, an Amerika, an der demokratisch-liberalen Welt. Im Laufe der folgenden sieben Jahre wurde Jackie auf zwei Eigenschaften reduziert: vergnügungs- und einkaufssüchtig. Geldverschwendung warf das Magazin ›Newsweek‹ Onassis noch im Nachruf am 24. März 1975 vor: »Wenn Onassis wußte, wie man Geld macht, dann wußte er auch, wie man es ausgibt. Von Natur aus hedonistisch und in der Wahl feudal, lebte er ein Leben in dreistem Luxus, unterhielt Wohnungen in fünf Kontinenten und permanente Hotelsuiten in New York und London. Während seiner Jahre mit Jackie gab das High-Society-Paar durchschnittlich 15 Millionen Dollar jährlich für Leckerbissen wie Fleisch von ungeborenen Lämmern zu 35 bis 55 Dollar das Pfund und täglich frisch aus Paris eingeflogenes Baguette aus.« Ein Pfund gewöhnliches Lammfleisch kostete 1975 in Amerika etwa 80 Cents, Steaks einen Dollar.

Der ›Stern‹ behauptete am 24. September 1969 über Jackie: »Sie machte sich über New Yorks Mode-Adressen her wie eine total Ausgehungerte über einen wohlgefüllten Kühlschrank.« Auffällig ist, daß als Beweis hierfür international nur wenige gleiche Fotos herangezogen wurden. Schlagzeilen nannten sie glamourös, habgierig, egozentrisch oder hochnäsig. Manche Magazine unterstellten, sie kümmere sich nicht genug um ihre Kinder, andere berichteten, Onassis plane die Scheidung, weil sie zuviel bei den Kindern sei. Alle hatten Erfolg: Eine Gallup-Umfrage ergab 1970, daß die meisten Amerikaner Jackie Onassis doppelt so viele negative Eigenschaften wie positive unterstellten. Innerhalb von vier Jahren hatte sich ihr Image umgekehrt. Für Öffentlichkeit und Presse entpuppte sich ihr Leben als zu vielschichtig.

Der journalistische Voyeurismus gipfelte 1971 und 1973 in Nacktbildern. Fotografen hatten vor dem Strand von Skorpios im Wasser gelauert und unbemerkt Fotos geschossen. Selbst eine Privatinsel garantierte keine Privatsphäre. Der ›Stern‹ berief sich am 25. Juli 1971 bei der Kommentierung der »vergnügungssüchtigen Kennedy-Witwe« im Bikini auf die Zeitschrift ›Gente‹: »Außer Zellulitis an den Oberschenkeln vermochten die italienischen Reporter keine weiteren Alterserscheinungen an Frau Onassis festzustellen.« Die barbusige Jackie präsentierte das deutsche Blatt erst am 23. August 1973 mit der Bemerkung: »Auf ihrer Lieblingsinsel Skorpios hat Jackie Kennedy viel Zeit zum Faulenzen.« Daß sie sich auch um den depressiven Onassis kümmerte, der sich nach dem Tod seines Sohnes nicht erholte, blieb unerwähnt.

Der ›Stern‹ hatte seine Leser bereits im Sommerloch des Jahres 1970 wissen lassen: »Für Jackie ist Skorpios ›ein Stückchen Land, wo niemand seine Nase hineinstecken kann‹. Dem STERN erklärte sie: ›Ich denke sehr oft an meine Kinder, wenn sie die Gerüchte in den Zeitungen über mich lesen. Was sollen die bloß von ihrer Mutter halten? Ich sage es ganz deutlich – ich bleibe mit Ari zusammen. Das können Sie mir glauben.« (12. Juli 1970)

Jackie kontra Journalisten

Seit ein Fotograf sich in einer Kliniktoilette versteckt hatte, um die ersten Bilder von John Jr. im Brutkasten zu schießen, fühlte sich Jackie verfolgt. Reporter machten ihr Angst. Sie belagerten ihre Haustür, Restaurants und Kinoausgänge. Nicht selten drängten Kameraleute ihre Begleiter oder Passanten rücksichtslos zur Seite. Brutale Zusammenstöße ereigneten sich. Der

Kommentar zu den Schnapp-
schüssen geriet meist mehr-
deutig.

Sie protestierte: »Weshalb
versuchen die Leute ständig,
mich durch die verschiedenen
Namen zu erklären, die ich
zu verschiedenen Zeiten ge-
tragen habe? Die Menschen
vergessen häufig, daß ich Jacqueline Bouvier war, ehe ich
Mrs. Kennedy oder Mrs. Onassis wurde. In meinem ganzen
Leben habe ich immer ver-

Freiwild für Fotografen

sucht, mir selbst treu zu bleiben. Das werde ich so lange fort-
setzen, wie ich lebe. Ich bin in erster Linie eine Frau. Ich liebe
Kinder, und ich denke, die eigenen Kinder heranwachsen zu sehen, ist die wunderbarste Sache, die sich eine Frau denken
kann«, erklärte Jackie Onassis einem Journalisten des Magazins
›Kayhan International‹ im Mai 1972 während ihrer Persien-
reise mit Aristoteles Onassis.

Jackie versuchte früh gegen die Sensationspresse ihr eigenes
Bild durchzusetzen: Anfang 1964 bat sie Biograph William
Manchester, ein Buch über John F. Kennedys Tod zu schreiben. Sie gestattete ihm ausführliche Interviews. Das war nach
dem Camelot-Märchen ihr zweiter Versuch, sein Portrait zu
schönen. 1967 erschien ›The Death of a President‹ als Buch und
als Fortsetzungsfolge in ›Life‹. Sie hatte sich ein Dokument für
die Nachwelt erhofft, keinen Sensationstitel, erst recht keine
Zeitungsserie. Ihr vergeblicher Versuch, die Veröffentlichung
zu stoppen, verursachte Schlagzeilen. Robert und Jackie Kennedy entpuppten sich als Zensoren.

Nicht zum ersten Mal bewiesen die Medien ihre Tendenz zur
Bevormundung. Schon während der Zeit im Weißen Haus war
ein Text an die Presse gelangt, den all ihre Mitarbeiter unter-
schreiben mußten: Sie hatten über Privatangelegenheiten der
Familie Kennedy zu schweigen.

Jackie grenzte die Presse noch ganz anders aus: Als der Fotograf Mel Finkelstein sie an einem New Yorker Kinoausgang erkannte und ablichtete, ergriff sie seinen Arm und wirbelte ihn

mit einem Judo-Griff auf das Pflaster. Sie hatte gerade mit Aristoteles Onassis den Pornofilm ›I am curious‹ gesehen und wollte unerkannt bleiben. Am nächsten Tag leugnete ihre Privatsekretärin Nancy Tuckerman das Geschehen ungeachtet mehrerer Zeugen. Pressekritik setzte ein.

Anfang der Siebziger erreichte Jackie Onassis per Gerichtsbeschluß, daß sich Fotograf Ron Galella ihr maximal 50 Meter, ihrem Haus höchstens 100 Meter nähern durfte – der Rest war ihr garantierter Schutzraum. In Griechenland verfolgte Fotoreporter Koulouris Jackie regelmäßig. Er schwamm wiederholt nach Skorpios, um Bikini- oder Nacktaufnahmen zu machen, und soll viele Filme an Onassis verkauft haben. Koulouris wurde zu einem halben Jahr Gefängnis verurteilt, nachdem sein Speedboot fast Onassis' Wasserflugzeug gerammt hätte.

Die Wiedergeburt der »Mrs. Kennedy«

Jacqueline Bouvier nahm den Namen Kennedy für die amerikanische Öffentlichkeit zweimal an: das erste Mal bei ihrer Hochzeit, das zweite Mal nach dem Tod Aristoteles Onassis'. Jetzt gehörte sie scheinbar wieder den Amerikanern. Die Zeitungen berichteten über »Jackie Kennedy«; das griechische Intermezzo wurde totgeschwiegen. Die Journalisten stellten sie zurück auf das Podest, das sie als First Lady und Witwe erklommen hatte. Berufstätigkeit und Engagement für New York verschafften ihr Respekt. Endlich leistete sie etwas; der Star arbeitete. Die positive Entwicklung der Kinder Caroline und John löste ein weiteres Lob aus; beste Qualitäten einer alleinerziehenden Mutter wurden ihr attestiert.

In dieser entspannten Situation gestattete Jacqueline Ende der siebziger Jahre wieder Interviews. Sie äußerte sich über ihre Verlagsarbeit, gab aber keine Auskünfte zu Privatem. Auf Skandale aus den Präsidentschaftsjahren ging sie nie ein. Während der Gespräche verbot sie Tonbandaufnahmen, beharrte auf einer Durchsicht der Manuskripte und verweigerte unangenehme Antworten. Sie hatte den Umgang mit Journalisten gelernt.

Am 28. Juli 1989 feierte sie ihren 60. Geburtstag. Zeit für eine Rückschau. Die Presse bejubelte ihre ewige Schönheit und erinnerte an die Kennedy-Jahre. Eine Neuigkeit konnte niemand berichten. Das änderte sich erst fünf Jahre später: »Eine berufstätige Frau von 64 Jahren, zweifache Witwe, dreifache Großmutter, wohlhabend, zeitlos attraktiv, in fester Beziehung mit einem gleichaltrigen Gefährten von solider Erscheinung lebend, keine Skandale, keine Enthüllungen. Es war gerade ruhiger geworden um Jacqueline Kennedy Onassis, da kam die Nachricht von ihrer Krebserkrankung« – so begann der ›Stern‹ am 26. Mai 1994 seinen Nachruf. Die amerikanische Feministin Betty Friedan resümierte: »Sie hatte offenbar beträchtliche Talente, einen beträchtlichen Ehrgeiz und Intelligenz. Man muß ihr Leben als bedeutsames und prägnantes Zeichen für die Entfaltung der Frau betrachten. Sie war die schöne, traurige Heldin unserer Zeit.«

Tage vor ihrem Tod belagerten Fotoreporter den Hauseingang auf der Fifth Avenue. Während Jackie in ihrer Wohnung abgeschirmt starb, brach 15 Stockwerke tiefer der Verkehr zusammen. Kamerateams warteten begierig auf die letzte Neuigkeit: ihren Tod. Die Rückblicke waren bereits geschrieben, Sondermagazine vorbereitet; nur aktuelle Fotos der Trauernden fehlten noch.

Kurz nach Jackies Beerdigung strahlte das Fernsehen den Zusammenschnitt ›A Tribute to Jacqueline Kennedy‹ aus: Erinnerungen an die First Lady, Mutter, Witwe in der Hölle von Dallas, Jet-set-Queen und engagierte Lektorin. Ein Zitat der Verstorbenen faßt die Facetten ihres Lebens wie ihrer Medienpräsenz zusammen: »Wir dürfen vom Leben nicht zuviel erwarten. Schlechtes existiert neben Gutem, und es ist nicht notwendig, das zu trennen.«

Jackie erfuhr nicht mehr, daß zu dem Schlechten auch der viel zu frühe Tod ihres Sohnes gehören würde. Nach dem Absturz von John F. Kennedy Jr. beherrschte die Familie wieder die Schlagzeilen. Die ›New York Times‹ schlug im Sommer 1999 vor, die Medien müßten die immensen Kosten der Suchaktion nach den drei Verunglückten zahlen. Begründung: Die Zeitschriften verdankten diesem Tod einen enormen finanziellen Erfolg. Die Sondermagazine hatten wie schon 1994 das Schicksal aller bekannten Familienmitglieder wieder aufgerollt. Die Suche mit Schiffen der Küstenwache und Flugzeugen der Luftwaffe finanzierte der amerikanische Staat.

Zeittafel

1906

15. Januar: Aristoteles Sokrates Onassis, Kind griechischer Eltern, wird im türkischen Izmir geboren. Er gibt 1923 in Argentinien den 21. September 1900 als Geburtsdatum an, um nicht minderjährig zu sein und eine Arbeitserlaubnis zu erhalten.

1917

29. Mai: John F. Kennedy in Norfolk geboren.

1928

7. Juli: Heirat von Janet Norton Lee und John Vernou Bouvier auf dem Familiensitz der Bouviers in East Hampton.

1929

28. Juli: Jacqueline Bouvier auf Long Island geboren.

August: Maurice Tempelsman in Belgien geboren.

22. Dezember: Taufe Jacquelines in St. Ignatius Loyola, New York.

1933

3. März: Jacquelines Schwester Caroline Lee Bouvier geboren.

1936

1. Oktober: Trennung der Eltern Bouvier probeweise.

1937

Sommer: Janet und John Bouvier verbringen zum letzten Mal gemeinsam mit den Kindern die Ferien in East Hampton.

1940

Juni/Juli: Janet verbringt die Ferien mit ihren Töchtern auf einer Farm in Nevada.

22. Juli: Scheidung der Eltern in Reno.

1941

7. Dezember: Japanischer Überfall auf Pearl Harbour. Die USA sind aktiv am Zweiten Weltkrieg beteiligt. John F. Kennedy meldet sich freiwillig zur Armee. Er kommt 1942 als Marineoffizier auf ein Patrouillenboot.

1942

21. Juni: Heirat von Janet Bouvier und Hugh Dudley Auchincloss.

Herbst: Jacqueline besucht bis 1944 die private Mädchenschule Holton-Arms in Washington.

1944

Erste Wirbelsäulenoperation John F. Kennedys.

Herbst: Jacqueline besucht bis 1947 das Privatinternat von
Miss Porter in Farmington.

1945

Geburt von Janet Jr. Auchincloss, Halbschwester Jacquelines.

1. März: John F. Kennedy wird aus gesundheitlichen Gründen
aus der Armee entlassen: Rückenbeschwerden, Untergewicht.

12. April: Franklin D. Roosevelt stirbt.

1947

Januar: Geburt von James Auchincloss, Halbbruder Jacquelines.

Herbst: Jacqueline beginnt am Vassar College Literatur und
Kunst zu studieren.

1948

15. Januar: Jacquelines Großvater John Bouvier stirbt an
Prostatakrebs.

1. Juli: Start zur siebenwöchigen Europareise mit den Schul-
freundinnen Julia Bissell, Helen und Judy Bowdoin.

1949

Juli: Letzter Sommeraufenthalt Jacquelines in East Hampton
mit den Bouviers.

August/September: Sechs Wochen Intensivsprachkurs in
Grenoble zur Vorbereitung auf das Studium an der
Sorbonne.

Oktober: Jacqueline beginnt ihr première année an der Sorbonne.

Weihnachten: Jacqueline reist nach England und besucht die
ehemalige Freundin ihres Vaters, Anne Plugge. Sie hatte
nach dem gemeinsamen Sommer in East Hampton Zwil-
linge bekommen, und Jacquelines Vermutung bewahr-
heitet sich: John Bouvier ist der Vater.

1950

Wintersemesterferien: Reise durch Deutschland und Österreich mit Janet und Hugh Auchincloss.

Frühjahr–Sommer: Fortsetzung des Studiums an der Sorbonne.

Sommerferien: Frankreichreise mit Freundin Claude de Renty, nach Irland und Schottland mit Yusha.

Herbst: Jacqueline beginnt ihr Senior Year in Washington.

1951

Winter: Studienabschluß.

Frühjahr: Prix de Paris von ›Vogue‹.

12. Mai: Jacqueline Bouvier und John F. Kennedy lernen sich kennen.

7. Juni: Jacqueline unternimmt eine Europareise mit Schwester Lee. Zusammen schreiben und illustrieren sie ›A Special Summer‹, ein Erinnerungsbuch, das 1974 von Delacorte Press publiziert wird.

Dezember: Jacqueline beginnt als Trainee beim ›Washington Times-Herald‹.

1952

Januar: Verlobung Jacquelines mit John G. W. Husted Jr., Arbeit als Fotoreporterin für ›Washington Times-Herald‹.

November: Der Demokrat John F. Kennedy wird für Massachusetts in den Senat gewählt.

1953

Januar: John F. Kennedy nimmt seinen Senatssitz ein.

Ende Mai/Juni: Jacqueline berichtet aus London über die Krönung von Königin Elizabeth II.

24. Juni: Verlobung von Jacqueline Bouvier und John F. Kennedy.

12. September: Heirat in Newport auf Rhode Island.

1954

21. Oktober: John F. Kennedy wird an der Wirbelsäule operiert.

Dezember: John F. Kennedy verläßt das Krankenhaus und fliegt zur Erholung nach Palm Beach.

1955

15. Februar: Erneute und erfolgreiche Operation John F. Kennedys.

Frühling: Kauf des Landhauses Hickory Hill.

Mai: Jackie erleidet eine Fehlgeburt.

Anfang Juli–September: Jackie mit Lee auf Europareise; John trifft sie in Südfrankreich.

1956

23. August: Jackie bringt im achten Monat mit Kaiserschnitt ein totes Mädchen zur Welt.

November: Jackie reist allein zu Lee nach London.

Dezember: Jackie verbringt mit John, Lee und Schwager Michael Canfield eine Woche auf Jamaika.

Weihnachten: Ehepaar Kennedy bei den Auchincloss' auf Merrywood.

1957

Frühling: John und Jackie beziehen ihr neu renoviertes Haus in Washington.

3. August: John Bouvier stirbt an Leberkrebs.

27. November: Caroline Bouvier Kennedy geboren.

13. Dezember: Caroline wird in der Bouvier-Familienkapelle von St. Patrick, New York, getauft.

1958

Wahlkampf. John F. Kennedy wird wieder in den Senat gewählt.

1959

1. Januar: Fidel Castro und Ernesto »Che« Guevara übernehmen nach Guerillakämpfen gegen Batista y Zaldívar die Macht auf Kuba.

19. März: Lee heiratet Stanislas Radzivill standesamtlich.

November/Dezember: Das kommunistische Nordvietnam aktiviert den Vietcong in Südvietnam und greift Regierungstruppen an. Die Amerikaner verstärken ihre 600 Mann umfassende Streitmacht vor Ort.

1960

3. Januar: John F. Kennedy kündigt seine Kandidatur an.

13. Juli: John F. Kennedy wird während des Nationalkonvents der Demokraten zum Präsidentschaftskandidaten nominiert.

Sommer: John F. Kennedy und Jackie erholen sich vor dem Wahlkampf in Hyannis Port.

8. November: John F. Kennedy gewinnt die Präsidentschaftswahl knapp vor Richard Nixon.

25. November: John Fitzgerald Kennedy Jr. wird in Washington geboren.

1961

20. Januar: Amtseinführung John F. Kennedys.

17.–20. April: Amerikanische Invasion in der Schweinebucht, Kuba, scheitert.

Mai: Kanadabesuch John F. Kennedys mit Jackie.

ab 31. Mai: Dreitägiger Staatsbesuch in Paris und Treffen mit Charles de Gaulle.

3. Juni: Treffen mit Nikita Chruschtschow in Wien.

5. Juni: Dinner mit Königin Elizabeth II. und Prinz Philip im Buckingham Palace, London.

Ende September: Urlaub mit John in Newport.

Mitte Dezember: Reise mit John F. Kennedy nach Puerto Rico, Venezuela und Kolumbien.

19. Dezember: Joe Kennedy erleidet einen Schlaganfall und wird zum halbseitig gelähmten Pflegefall.

Weihnachten: Familienferien in Palm Beach.

1962

März: Jackie bereist Indien und Pakistan in inoffizieller Mission mit Lee. Auf dem Hinflug am 11. März Visite bei Papst Johannes XXIII. im Vatikan, um die Annullierung von Lees Ehe mit Michael Canfield zu forcieren. Am 13. März gibt Präsident Giovanni Gronchi einen Empfang für Jackie. Auf dem Rückflug am 26. März Staatsbesuch in England, erneute Begegnung mit Königin Elizabeth II.

29. Mai: Marilyn Monroe singt auf John F. Kennedys Geburtstagsparty »Happy Birthday, Mr. President«.

29. Juni: Die Kennedys fliegen nach Mexiko.

Juli: Ferien auf Squaw Island.

4. August: Selbstmord Marilyn Monroes.

8. August: Jackie reist mit Caroline zu Lee nach Süditalien.

Oktober: Kuba-Krise.

7. November: Eleanor Roosevelt stirbt in New York mit 78 Jahren.

November: Edward Kennedy kandidiert für den Senat in Massachusetts und gewinnt.

1963

Ostern: Familienferien in Palm Beach. Von hier gibt Jackie ihre Schwangerschaft bekannt.

Mai: Jackie reist mit den Kindern nach Cape Cod.

Juni: John F. Kennedy fliegt nach Europa und besichtigt das geteilte Berlin. Am 26. Juni spricht er das berühmte Wort: »Ich bin ein Berliner.« Neben offiziellen Staatsbesuchen fährt er nach Irland. In Rom Visite bei Papst Paul VI.

7. August: Patrick Bouvier Kennedy wird im Otis Air Force Hospital in Falmouth fünf Wochen zu früh geboren.

9. August: Patrick stirbt in einer Kinderklinik in Boston.
Jackie versucht sich auf Squaw Island zu erholen, wo
Lee sie besucht.

Ende August–Anfang Oktober: Jackie mit Lee auf Onassis'
Jacht im Mittelmeer. Anschließend Stippvisite beim
König von Marrakesch.

17. Oktober Rückkehr nach Washington.

2. November: Präsident Ngo Dinh Diem wird in Hanoi von
seinem militärischen Berater Duong Van Minh gestürzt
und ermordet.

November: Jacqueline begleitet John F. Kennedy auf eine
Wahlkampfreise durch Texas.

22. November: Ermordung John F. Kennedys in Dallas, Texas.
Lyndon B. Johnson läßt sich als Präsident vereidigen.

25. November: Trauergottesdienst in St. Matthew, Washington. Beisetzung John F. Kennedys auf dem Nationalfriedhof in Arlington.

6. Dezember: Jackie zieht mit ihren Kindern aus dem Weißen
Haus.

1964

Ostern: Skiferien mit den Kindern, Robert und Edward Kennedy sowie deren Familien. Anschließend mit Radzivills
und Robert Kennedy eine Woche in Bunny Mellons Haus
auf Antigua.

August: Johnson ordnet erste Vergeltungsangriffe in Vietnam
an und fordert vom Kongreß die Generalvollmacht für
eine Erweiterung des Vietnam-Kriegs.

Sommerferien: Jackie erholt sich auf der Jacht des Ehepaars
Wrightsman – alte Freunde aus Washington – mit Radzivills vor der jugoslawischen Küste.

Herbst: Robert Kennedy kandidiert erfolgreich für den
Senat.

Weihnachten: Skiferien mit den Kindern und Mitgliedern der
Kennedy-Familie in Aspen.

1965

Januar: Mit Radzivills eine Woche in Acapulco.

Februar: Beginn der systematischen Bombardierung strategisch relevanter Gebiete in Nordvietnam.

März: Ferien mit Lee in Florida.

Mai–Juni: Englandbesuch mit den Kindern.

28. Juli: Jackie feiert ihren 36. Geburtstag mit der Familie in
    Hyannis Port.

Oktober: Papstbesuch in Rom.

1966

Mai: Jackie fliegt nach Sevilla.

Juni/Juli: Reise mit den Kindern und Lord Harlech durch
    Irland.

1967

Sommer: Ferien auf Skorpios, dann mit den Kindern in Hyan-
    nis Port.

November: Jackie bereist mit Lord Harlech Kambodscha und
    Thailand.

1968

31. Januar: Tet-Offensive in Vietnam. In den folgenden Mona-
    ten führen Anti-Kriegs-Demonstrationen zur innenpoliti-
    schen Krise in den USA.

März: Jackie besucht Yucatán mit Roswell Gilpatric.

16. März: Robert Kennedy kündigt seine Kandidatur für die
    Präsidentschaftswahl an.

4. April: Martin Luther King in Memphis ermordet.

Ostern: Jackie fliegt mit Caroline, John und Aristoteles Onas-
    sis nach Palm Beach.

Mai: Friedensverhandlungen zwischen Nordvietnam und den
    USA beginnen in Paris. Rund 500 000 Amerikaner sind in
    Vietnam stationiert. Jackie fliegt zu einer Kreuzfahrt mit
    Onassis, seiner Schwester Artemis und Freunden in die
    Karibik.

6. Juni: Ermordung Robert Kennedys in Los Angeles.

8. Juni: Totenmesse in St. Patrick's Cathedrale, New York.
    Beerdigung in Arlington.

20. Oktober: Jackie Kennedy heiratet Aristoteles Onassis auf
    Skorpios. Hochzeitsreise auf der »Christina« durch grie-
    chische Gewässer.

Weihnachten: Mit Onassis und den Kindern auf Skorpios.

1969

Januar: Ferien in der Schweiz mit Lee.

Spätwinter: Mit Onassis' Jacht bei den Kanarischen Inseln.

Frühjahr: Jackie auf Skorpios.

Ostern: Mit Rose Kennedy und Onassis auf der »Christina«.

Sommer: Kreuzfahrt mit Niki und Angelos Goulandris, einem

der reichsten Griechen, sowie dem Direktor des Griechischen Nationaltheaters, Alexis Miotis, um Jackie das Griechenland Heinrich Schliemanns zu zeigen.

18. Juli: Edward Kennedy fährt nach einer Party angetrunken von einer Brücke in den Chappaquiddick; seine Begleiterin, Mary Jo Kopechne, ertrinkt. Da er sie nicht rettet und erst am nächsten Morgen die Polizei benachrichtigt, kommt es zum Skandal.

3. September: Ho Tschi-Minh stirbt mit 79 Jahren in Hanoi.

17. November: Joe Kennedy stirbt mit 81 Jahren.

1970

Juli: Lee und Stanislas Radzivill werden geschieden.

Ende Juli–August: Jackie und Onassis unternehmen eine Kreuzfahrt bei den Bahamas mit Lee.

1971

Sommer: Jackie verbringt die Ferien mit ihren Kindern auf dem Kennedy-Sitz in Hyannis Port.

1972

USA setzen Napalmbomben gegen die nordvietnamesische Zivilbevölkerung ein.

Mai: Jackie reist mit Onassis und seiner Tochter Christina neun Tage nach Teheran.

27. Juli: Christina Onassis heiratet Joseph Bolker.

1973

22. Januar: Alexander Onassis stirbt bei einem Flugzeugabsturz.

27. Januar: Waffenstillstandsabkommen zwischen Vietnam und den USA, an das sich beide nicht halten.

Februar: Jackie und Aristoteles Onassis fliegen mit Pierre und Nicole Salinger nach Dakar, Senegal, wo sie vor der Küste eine Kreuzfahrt unternehmen.

April: Christina Onassis wird geschieden.

Oktober: Weltweite Ölkrise.

Winteranfang: Bei Onassis wird Muskelschwund diagnostiziert.

Weihnachten: Jackie verbringt die Feiertage allein mit ihren Kindern in New York.

Sylvester: Jackie und Aristoteles Onassis fliegen nach Acapulco.

1975

15. März: Aristoteles Onassis stirbt in Paris.

April: Die letzten Amerikaner verlassen Saigon.

September: Jacqueline beginnt ihre Lektoratstätigkeit bei
Viking Press, New York.

1976

27. Juni: Stanislas Radzivill stirbt an Herzinfarkt. Jacqueline
fliegt mit Maurice Tempelsman und Caroline zur Beerdigung nach London.

1977

Februar: Edith Beale, die Schwester von John Bouvier, stirbt.
Jacqueline geht zur Beerdigung und lockt Dutzende
Journalisten an.

16. September: Die Operndiva und Geliebte Onassis', Maria
Callas, stirbt mit 53 Jahren in Paris: Herzversagen.

Herbst: Jacqueline wechselt als Lektorin zu Doubleday, New
York.

1979

20. Oktober: Einweihung der John F. Kennedy Library in
Boston.

1981

30. März: Ronald Reagan – seit Januar 1981 Präsident der
USA – wird von John Hinckley angeschossen.

1985

Athina, Christina Onassis' und Thierry Roussels Tochter,
wird geboren.

Jacqueline reist im Auftrag des Doubleday Verlags nach
Rajasthan, Nordindien.

1986

19. Juli: Caroline Kennedy heiratet Edwin A. Schlossberg.

1988

23. September: Lee heiratet in New York den Hollywood-
Regisseur Herbert Ross.

1989

Frühjahr: Jacqueline läßt ihr Gesicht liften und erholt sich
anschließend mit Maurice Tempelsman auf den Bahamas.

22. Juli: Janet Auchincloss stirbt an der Alzheimerschen
Krankheit.

August: Jacqueline fliegt zur 200-Jahr-Feier der französischen
Revolution nach Paris.

29. November: Christina Onassis stirbt mit 39 Jahren an einem Lungenödem in Buenos Aires.

1993

Juni: Frankreichreise mit Maurice Tempelsman.

Weihnachten: Jacqueline verbringt die Feiertage mit Maurice
Tempelsman bei einem Segeltörn in der Karibik.

1994

Ostern: Jacqueline erholt sich mit Maurice Tempelsman und
der Familie ihrer Tochter Caroline in New Jersey.

14. April: Jacqueline wird an einem aufgebrochenen Geschwür
operiert.

19. Mai: Jacqueline Bouvier Onassis stirbt mit 64 Jahren an
Lymphknotenkrebs in New York.

23. Mai: Beerdigung auf dem Nationalfriedhof in Arlington
neben John F. Kennedy.

1995

22. Januar: Rose Kennedy stirbt mit 104 Jahren.

1996

21. September: Heirat von John Kennedy Jr. und Carolyn
Bessette auf Cumberland Island.

1999

16. Juli: John Kennedy Jr., 38 Jahre, seine Frau Carolyn Bessette, 33, und Schwägerin Lauren, 35, sterben bei einem
Flugzeugabsturz vor Martha's Vineyard.

22. Juli: Ihre Asche wird von einem Militärzerstörer aus an
der Unglücksstelle ins Meer gestreut.

Bibliographie

Adler, Bill (Hg.): The Uncommon Wisdom of Jacqueline Kennedy
Onassis. A Portrait in her own Words. New York 1994
Zitate Jackie Kennedys von der Schulzeit bis zu ihrem Testament.
Andersen, Christopher: Jackie after Jack. New York 1998
*Andersen sieht sie als amerikanisches Original. Unbekanntere
Fotos mit Privatszenen und öffentlichen Auftritten zeigen ein
breites Spektrum.*
Anthony, Carl Sferrazza: First Ladies. Bd. 1, 2. New York 1990
*Anthony schrieb für ›Vanity Fair‹ und ›The Washington Post‹.
Er gab Jackie Kennedy das Kapitel zum Lesen, sie machte Anmer-
kungen.*
Anthony, Carl Sferrazza: As We remember Her. Jacqueline
Kennedy Onassis in the words of her friends and family.
New York 1997
*Zitatensammlung aus privaten Briefen, Interviews und den Oral
History Tapes der Kennedy Library.*
Bradlee, Ben: Conversations with Kennedy. New York 1975
*Bradlee war Washingtoner Nachbar der Kennedys und wurde
von John als Journalist hofiert. Er schrieb für ›Newsweek‹ und
lancierte lobende Artikel. Jackie ignorierte ihn, nachdem er das
Buch geschrieben hatte.*
Burns, James MacGregor: John Kennedy. A political profile. New
York 1959
*Von John F. Kennedy autorisierter erster Biograph, der Einblick
in seine Akten hatte.*
Cassini, Oleg: In my own Fashion. An Autobiographie. New
York 1967
Cassini, Oleg: A Thousand Days of Magic. Dressing Jacque-
line Kennedy for the White House. New York 1995.
Insiderberichte des Schneiders und persönlichen Freundes.
Collier, Peter, David Horowitz: Die Kennedys. Ein amerikani-
sches Drama. Berlin 1984
*Kritische Betrachtung des ehrgeizigen Politikers John F. Kennedy,
der sich in das Buch der Geschichte einschreiben will und die Sozial-
politik vernachlässigt.*
David, Lester: Jackie Kennedy. Sie prägte eine Epoche. Mün-
chen 1994

Der Journalist beobachtete über drei Jahrzehnte die Kennedys,
schrieb sieben Bücher über Familienmitglieder und führte zahl-
reiche Interviews. Er bemühte sich um die Wahrheit hinter den
Medienskandalen, schreibt aber beschönigend.

Davis, John H.: The Kennedys. Dynasty and Disaster
1848–1983. New York 1984
Nachdem der Bestseller John F. Kennedy von seinem Camelot-
Sockel gestoßen und die Familie kritisch dargestellt hatte, sprach
Jackie kein Wort mehr mit ihrem Cousin John Davis.

Davis, John H.: The Bouviers. From Waterloo to the Kennedys
and Beyond. New York 1993
Davis wirft die Frage auf, ob eine Demokratie eine Königin-Gott-
heit namens Jackie brauche.

Davis, John H.: Jacqueline Bouvier. An intimate Memoir. New
York 1996
Jackies Cousin konzentriert sich auf die Jahre bis zur Hochzeit
mit John F. Kennedy und verläßt sich auf Familieninformationen.

Davis, L. J.: Onassis. Aristotle and Christina. St. Martin's
Press, New York 1986
Der Herausgeber von ›Harper's Magazine‹ schreibt über zwei
mißverstandene Millionäre.

Evans, Peter: Aristoteles Onassis. Düsseldorf 1987
Der Autor hat 1968 Aristoteles Onassis befragt und begleitet,
spater Informationen von engen Mitarbeitern wie Costa Gratsos
gesammelt und über 300 Personen befragt: ein schonungsloses
Portrait. Ursprünglich wollte Aristoteles die Biographie autori-
sieren; kurz vor der Heirat mit Jackie sagte er ab, so daß sie erst
nach seinem Tod vollendet wurde.

Hamilton, Nigel: John F. Kennedy. Wilde Jugend. Tod und
Leben eines Präsidenten. Frankfurt 1993
Detaillierte Schilderung der Kindheit, Jugend und Studienjahre
auf der Basis von Kennedys Briefen an seinen Freund Lem Bil-
lington.

Hersh, Seymour: Kennedy. Das Ende einer Legende. Hamburg 1998
Hersh recherchierte fünf Jahre, um John F. Kennedy in mehr als
1000 Interviews charakterliche Schwächen nachzuweisen, die ihn
als Präsidenten behinderten.

Heymann, C. David: Eine Frau namens Jackie. Die intime Biographie von Jacqueline Kennedy-Onassis. München 1989

Heymann arbeitete unveröffentlichte Akten auf und interviewte Zeitzeugen. Er kommt zum Schluß: »Wie ist Jackie wirklich? – Die Antwort darauf werden wir wahrscheinlich nie erfahren.«

Kennedy Onassis, Jacqueline: A Visit to the High Pristess of Vanity Fair. New York o. J.
Artikel über ihre Freundin Diana Vreeland und deren Ausstellung im Costume Institute am Metropolitan Museum of Art.

Kennedy, John F.: Zivilcourage. München 1983
Ein Portrait mutiger bzw. charakterstarker Politiker aus Amerika.

Kennedy, Rose Fitzgerald: Alles hat seine Stunde. Meine Lebenserinnerungen. Frankfurt 1974
Liebevoller Rückblick mit beschönigender Tendenz; familiäre wie politische Differenzen sind ausgeklammert.

Klein, Edward: Jack und Jackie. Die Kennedys – Traumpaar im Zentrum der Macht. Berlin 1997
Die 1996 im amerikanischen Original erschienene Biographie basiert auf Befragungen von 288 Zeitzeugen sowie der neuesten Literatur. Der Journalist berichtete schon über John F. Kennedys Wahlkampf 1960.

Klein, Edward: Just Jackie. Her Private Years. New York 1998
Klein hat für dieses Portrait mehrere hundert Personen befragt und konzentriert sich auf die Zeit nach 1963. 1981 lernte er Jackie Onassis als Lektorin kennen, die seinen Roman bei Doubleday veröffentlichte.

Leamer, Laurence: Die Frauen der Kennedys. München 1994
Charaktervergleich der Schwestern und Kennedy-Frauen.

Manchester, William: Der Tod des Präsidenten. 20.–25. November 1963. Stuttgart 1969
Jackie versuchte vergeblich, die Veröffentlichung und den Vordruck in ›Look‹ zu stoppen, obwohl sie dem Romanautor und Biographen 13 Stunden Interviews gewährt hatte. Im nachhinein wollte sie persönliche Aussagen zurückziehen. Das Resultat war ein Skandal, der ihre negative Presse einläutete.

Moutsatsos, Kiki Feroudi, Phyllis Karas: The Onassis Women. New York 1998
Moutsatsos, Privatsekretärin Aristoteles Onassis', arbeitete während seiner letzten neun Lebensjahre bei ihm. Sie organisierte die Heirat mit Jackie Kennedy und war eine enge Vertraute seiner Kinder. Wohlwollender Klatsch aus dem Vorzimmer.

Reeves, Thomas C.: John F. Kennedy. Die Entzauberung eines Mythos. Biographie. Hamburg 1992
Der Professor für Geschichte an der University of Wisconsin-Parkside versucht vom Mythos Kennedys abzusehen und den wahren Charakter zu ergründen.

Salinger, Pierre: J. F. Kennedy. Düsseldorf 1967
Salinger war seit 1959 Pressechef John F. Kennedys und zählte bis zu dessen Ermordung zum engsten Stab. Er schreibt sehr persönlich über »unseren Chef«, gibt Einblicke in politische Hintergründe.

Schlesinger, Arthur: Die tausend Tage Kennedys. Darmstadt 1966
Historiker und Berater John F. Kennedys, Hausbiograph der Familie. Der zweifache Pulitzer-Preisträger hält Jackies Einfluß auf Johns Politik für immens groß: Sie las ihm politische Biographien – z. B. über de Gaulle – vor, und er verarbeitete einige Ideen. Ab 1964 gehörte Schlesinger zum Kreis der offiziellen Begleiter Jackies.

Schlesinger, Arthur: Robert Kennedy and his Times. New York 1979
Laut ›Newsweek‹ ist es »eines der Bücher, die jeder gelesen haben muß, der sich für die Politik der Sechziger interessiert.« Der Leser fragt sich unweigerlich, ob Schlesinger in die Gehirne seiner Protagonisten schauen konnte oder ob er nur phantasievoll war.

Spoto, Daniel: Marylin Monroe. Die Biographie. München 1993
Spoto behauptet im Gegensatz zu A. Summers, T. C. Reeves und C. D. Heymann, daß es zwischen Monroe und John F. Kennedy nur zu einer einzigen sexuellen Begegnung gekommen sei.

Tapert, Annette, Diana Edkins: The Power of Style. The Women who defined the art of living well. New York 1994
Eine modische Machtfrage von Coco Chanel über die Herzogin von Windsor, Pauline de Rothschild zu Jacqueline Kennedy.

White, Theodore: Der Präsident wird gemacht. Köln 1963
Jackie Kennedy gab dem Journalisten unmittelbar nach John F. Kennedys Tod Informationen, um Johns Bild mythosartig zu arrangieren. White schrieb 1964 in ›Life‹ den Nachruf »Camelot«.

West, J. B.: Upstairs at the White House. New York 1973
West war 1941 bis 1969 Generalmanager im Weißen Haus, verantwortlich für Personal, Budget und Feste. Er vergleicht First Ladys von Mrs. Roosevelt bis Mrs. Nixon.

Fernsehfilme

The World of Jacqueline Kennedy. NBC News 1962
*Private Familienszenen, Staatsbesuche in Übersee während der
ersten zwei Amtsjahre John F. Kennedys.*
A Tour of the White House with Mrs. John F. Kennedy. CBS
1962
*Führung Jackie Kennedys durch das Weiße Haus mit Erklärung
der Hausgeschichte und -restaurierung.*
Jacqueline Kennedy's Journey. U.S. Information Agency 1962
*Offizieller Film über die Indien- und Pakistanreise mit Lee Radzi-
vill 1962.*

Personenregister

A

Adams, Abigail   82
Adams, John   26, 51, 52
Adenauer, Konrad   61
Agnelli, Gianni   63, 124
Albright, Madeleine   152
Alderman, Ellen   151
Allen, Woody   141
Andersen, Christopher   108
Andreadis, Alexander   132
Archer, Jeffrey   137
Armstrong, Louis   55
Astaire, Fred   141
Auchincloss, Hugh Dudley Jr.   14 f., 16, 18, 24, 32, 33, 118, 129
Auchincloss, Hugh Dudley III. (Yusha)   15, 18, 154
Auchincloss, Janet s. auch Janet Bouvier   16, 18, 20, 21, 32, 33, 118, 119, 129, 134, 147
Auchincloss, Nina   15
Auchincloss, Thomas   15
Augstein, Rudolf   70

B

Bailey, Mark   153
Baldridge, Letitia   16, 50, 135
Baldwin, Billy   123
Bartlett, Charles   24, 27, 53, 108
Bartlett, Martha   24
Bary, Bill   139
Batista y Zaldívars, Sergent   42
Baudelaire, Charles   22
Beale, Edith   129
Beard, Peter   11
Belafonte, Harry   49
Berman, Michael   152
Bernstein, Leonard   49, 55, 120, 127
Bessette, Carolyn   152, 153

Clinton, Hillary Rodham   22, 47, 71, 73, 83 ff., 88, 109
Cole, Nat »King«   49
Connally, John   68
Crawford, Cindy   152
Crosby, Bill   66
Curtis, Charlotte   18
Cushing, Richard J.   33, 119

D
Dalai Lama   152
David, Lester   134
de Gaulle, Charles   57, 99
Diaghilew, Sergej   22
Diana, Lady, Princess of Wales   141, 156
Drew, Lisa   138
Drouin, Mark   56
du Pont, Henry Francis   52

E
Ehrhard, Ludwig   99
Eisenhower, Dwight D.   26, 27, 29, 75, 76, 77
Eisenhower, Mamie (Mary Geneva)   50, 65, 71, 75 ff., 158
Elisabeth II., Königin von England   31, 110
Epridge, Bill   162
Erikson, Erik   94

F
Farrow, Mia   141
Fay, Anita   34
Fay, Red   34
Finkelstein, Mel   165
Fitzgerald, Ella   49
Ford, Gerald   108
Foster, Vince   84
Friedan, Betty   138

G
Galbraith, John Kenneth   42, 60, 109
Galella, Ron   166
Gallagher, Mary   102

O

P

R

Bildnachweis

AP/Wide World 149

APE Intl., Richmond, VA 15, 19, 37, 101, 105, 155

Archiv für Kunst und Geschichte, Berlin 6, 35o, 47, 67, 72, 86, 88, 96, 99, 107

Arkansas Democrat-Gazette 83

The Boston Herald 92o

Ed Clark/Life/Time-Pix 52

dpa, Frankfurt/M. 71, 162

Dwight D. Eisenhower Library, Abilene, Kansas 76

Ron Galella 143

Globe Photos 145

John F. Kennedy Memorial Library, Boston, Massachusetts 8, 12, 17, 24, 30, 35u, 57, 59, 61, 64, 90, 92u, 93, 95, 158

Paul Kolhoff, Richmond, Virginia 142, 148

L. Frank Plugge Collection 13

Jacques Lowe/Camera Press 43

David McGough/DMI 165

Molly Thayer Collection/Magnum 10, 156

H. Y. Peskin/Time Life 29

Ronald Reagan Library, Simi Valley, California 81

Bert Stern 65

Ullstein Bildarchiv, Berlin 115, 117, 122, 157

UPI/Corbis-Bettman 25, 34, 38, 49, 79, 102, 112, 132, 137